담양에서 한 달 살기

양소희 지음

PROLOGUE
다시 담양

담양과의 첫 만남은 2013년이었다. 대나무 숲에 이끌려 자주 가게 되면서 2015년 〈담양여행〉이라는 이름의 책을 세상에 내 놓았다. 시간은 흐르고 흘러 여행작가가 직업인 나는 바람구두를 신은 듯 셀 수 없을 정도로 많은 나라를 다녔다. 어느 날 갑자기 코로나19가 확산되면서 발이 묶였다. 6개월이면 지나갈 거라고 쉽게 생각했다. 그러나 그 끝을 알 수 없는 미궁으로 빠지면서 나의 여행본능은 임계점을 넘었다. 코로나 팬데믹 상황이 지속되면서 인구밀도 높은 도시가 주는 피로감, 부정적인 생각들로 인해 두통이 몰려왔다. 무기력에 빠져 해야 할 일들은 쌓여만 갔다. 이럴 때 나에게 주는 처방전은 여행이 답이다. '어디로?'라는 질문이 툭 나온다. 그동안 내 안을 혼하게 비추는 여행의 기억을 되짚어 보았다. 그곳에 담양이 미소 짓고 있었다.

'그래, 담양으로 가자!' 여행지를 결정하고 나니 마치 사랑이 막 시작된 것처럼 상기되고 부족했던 산소가 충전되는 것 같았다.

설렘의 시작, 여행준비

여행지를 정하고 정말 오랜만에 캐리어를 꺼내 활짝 열었다. 담양에서 지낼 나를 상상하며 필요한 것들을 담기 시작했다. 블루투스 되는 라디오, 뭔가 적을 노트와 필기도구, 그림 도구들도 챙길까? 날씨를 고려한 옷과 신발 그리고 모자, 차를 마시거나 가지고 다닐 텀블러, 예쁜 천과 촉감이 딱 좋은 얇은 이불… 프랑스에서는 어리석은 사람을 표현할 때 '여행 가방 같다(con comme une valise)'고 한다. 멍청이가 안 되려면 여행 가방에는 꼭 필요한 것만 잘 선택해 담아야 한다.

다음은 한 달이라는 시간에 무엇을 할지 계획을 세울 차례이다. 여행이란 스스로 계획을 세우고 자신이 직접 실행해야 하는 인생 프로젝트이다. 그래서 여행을 하다보면 자연스레 계획에 능한 사람이 된다.

여행계획을 척척 잘 세우는 사람은 다른 계획도 거침없이 잘한다. 그래서 여행 경력이 쌓이면 어느새 훌륭한 기획자가 된다.

어디를 가면 좋을까? 여행지에 대한 계획은 정보를 찾는 일이 우선이다. 모든 여행 정보들은 의구심을 갖고 접근해야 한다. 내가 찾은 것 같지만 정보들은 나에게 닿기 위해 몸부림을 치며 관심 끌기가 최대 목표이기 때문에 균형 잡힌 내용이라고 할 수 없다. 어쩌면 대부분 상업목적을 잘 포장한 눈속임 정보일지도 모른다. 그곳에 살고 있는 보통의 사람, 보통의 장소들은 다뤄지지 않는다. 평범한 것들이 가치가 없는 것은 아닌데 말이다. 정작 여행지에 도착해 보면 대부분 나와 크게 다르지 않은 보통의 사람들과 그들의 삶을 만나게 된다. 꼼꼼히 살펴보면 일상의 평범함 속에 우리가 미처 보지 못한 세상의 재미가 숨어있다.

그동안의 여행 경험으로 보면 여행지 정보를 너무 많이 알고 가도 좋지 않다. 예를 들면 영화를 보기 전에 내용을 훤하게 알고 있으면 다음이 읽혀서 흥미를 잃고 금방 시시해진다. 여행도 마찬가지이다. 자신의 여행 경험을 잘 생각해 보자. 별로였던 여행은 새로울 것이 없었고 그래서 무엇이든 싫증이 났을 것이다. 현명한 여행자는 잘 세운 계획을 자유와 흔쾌히 바꿀 줄도 알아야 한다. 계획은 하고 가되 사전 정보에서는 알 수 없었던 끌림을 만나면 계획을 바꾸는 선택을 허락해 줘야 한다. 변수야말로 여행의 진짜 재미이기 때문이다.

목차

6	프롤로그	
		다시 담양
11	나는 디지털 유목민	지멘스 자전거 / 시가문화촌 / 탄소제로여행
19	가는 날이 장날	담양 장날
25	담양의 여름비는 특별해	담양 국수거리 / 담빛길
33	담양이 좋은 이유	관방제림 / 수려재
39	비밀의 화원	죽화경 / 주평리
45	역사를 따라 걷는 길	금성산성 / 주변 볼거리
53	이상한 일이야	연동사
61	바람이 부르는 노래	대나무골 테마공원
71	16세기 타임캡슐 미암일기	모현관 / 연계정 / 미암박물관
81	오늘은 뭘 먹을까?	김대석 접선장 명인 / 담양10미
93	보이는, 보이지 않은 오해	담양 메타프로방스
101	참 좋은 그대	담양 메타세콰이어길 / 주변 볼거리
111	신선들의 놀이터	가마골 생태공원 / 용소
121	왕이 되는 꿈	삼인산
127	선비의 길을 따라 걷다	소쇄원
139	이륙하겠습니다~	담양항공 / 용마루길 / 담양호
147	근심은 뿌셔 뿌셔	죽녹원
159	하하 아저씨	한국대나무박물관
167	타임머신 타고 시간여행	슬로시티 / 삼지내마을 / 창평이야기
177	깊게 빠져드는 맛	기순도

181	예술놀이터	해동예술촌 / 담빛 예술창고 / 다미담예술구
191	길이 말을 걸어 올 때	정미다방 / 천변리 노천석상
197	꽃차 마을	머루랑 다래랑 / 죽염비누
203	판타지 소설 전우치	추성주
213	시간이 훅 가는 여행지	추월산 / 보리암
219	문학여행지	한국가사문학관
225	용의 전설	용흥사 / 용화사 / 용추사
231	마음공부	담양향교 / 창평향교
243	그건 꿈이었을까	명옥헌 / 독수정 / 식영정 / 면앙정 /송강정
249	안녕, 담양	

STORY 01
나는 디지털 유목민

숙소에 도착해서 짐을 풀었다. 담양에서의 나 홀로 한 달 살기 숙소는 죽녹원 안에 있는 한옥으로 정했다. 대쪽같이 올곧은 조선시대 선비들은 대나무의 고장 담양에 내려와 누각과 정자를 짓고 자연을 벗 삼아 시문을 지으며 살았다. 그래서 조선시대 집 구조를 그대로 재현한 한옥이야말로 가장 담양다운 숙소인 것이다. 양쪽으로 방이 두 개, 양쪽 방 사이에 냉장고가 있는 공간이 있다. 왼쪽 끝으로 욕실이 있고 앞으로 연결된 마루가 있다. 방이 두 개이니 하나는 잠자는 방으로 하고 나머지 방은 일을 하는 방으로 꾸미기로 했다. 이 글을 읽는 누군가가 질문하는 소리가 들린다. "놀러 담양에 온 것 아닌가요?"

나는 취미로 작가를 하는 것이 아니다. 여행작가가 직업이고 직업이라는 것은 그 일로 밥을 먹고 산다는 것을 의미한다. 나는 시간과 장소에 구애 받지 않고 일하는 디지털 유목민이다. 인터넷만 연결되면 지구 어디서든 일을 할 수 있다. 담양이라는 여행지에서 쉼과 일을 병행하는 워케이션(workation)을 할 예정이다. 캐리어에서 옷을 꺼내 정리를 하려는데 앗! 옷을 걸어 놓을 옷장이 없다. 일을 하는 방에는 책상이 없다. 냉장고 옆에 밥상이 세워져 있는 것을 발견하고 책상으로 가져다 쓰기로 했다. 그럭저럭 한 달 살 공간이 세팅되었다.

야무진 계획, 탄소제로여행
자, 그럼 제일 먼저 담양에서 할 일은 자전거를 구매하러 가야한다. 기후위기 시대! 지구가 아프다는 신호를 보내고 있다. 탄소제로여행을 하려면 자전거는 필수이다. 여행을 준비하면서 담양군 대전면에 지멘스자전거 총판이 있다는 정보를 알게 되었다. 도착해 보니 생각했던 것보다 큰 규모였다. 대부분은 인터넷에서 본인이 원하는 자전거를 주문하고 여기서 조립해서 택배로 보낸다고 한다. 나는 크기가 작은 접이형 자전거로 색상은 빨강색을 선택했다. 자전거를 가지고 숙소에 와서 툇마루에 앉아 자전거를 한참 바라보았다. 어떤 이름으로 부를까? 나 홀로 여행이니 자전거에 이름을 지어주고 친구가 되어 같이 다니면 좋을 것 같다. 앨리스는 어떨까? 이상한 나라의 앨리스처럼 나도 마법 같은 신기한 여행을 했으면 좋겠다. 그래, 앨리스! 이보다 좋은 이름은 없다. 나의 자전거는 이제부터 앨리스로 부르기로 했다.

이산화탄소를 줄이는 탄소제로여행은 자전거 타기 이외에 계단 이용하기, 안 쓰는 플러그 뽑기, 불필요한 조명 끄기, 분리수거, 장바구니와 텀블러 가지고 다니기, 양치컵 사용하기, 과대포장 안한 제품 구매하기 등을 실천하는 일이다. 사소해 보이지만 이런 실천만으로도 탄소가 엄청 준다. 나는 담양에서 착한 탄소제로여행을 할 예정이다. 앨리스! 잘 부탁한다.

마음까지 시원한 훈장님의 응원부채

6년 전 〈담양여행〉 책을 준비하면서 알게 된 박인수 훈장님께 담양에서 한 달 살게 되었다고 인사드리러 가는 길이다. 소쇄원, 가사문학관을 동행해 주시고 담양에 대해 많은 것을 알려주신 어른이시다. 뭐든 급변하는 시대에 여전하다는 것은 그 자체로 얼마나 큰 위안인지 새삼 느끼며 죽녹원 시가문화촌 내 송강정으로 발걸음을 향했다. 이곳에서 일상을 보내며 글씨를 쓰고 그림을 그리는 훈장님의 모습은 그 자체로 조선시대 선비를 만나는 듯 신기하기만 하다. 내가 온다는 연락을 받은 박인수 훈장님은 오전에 전라남도 무형문화재 김대석 접선장 댁에 들려 부채를 받아 기다리고 계셨다. 내가 보는 자리에서 부채에다 대나무 그림에 '담양에서 한 달 살기' 글을 써 주셨다. 날아가는 한 마리 새는 양소희 여행작가라고 설명해 주신다. 감사의 마음을 큰 절로 대신했다. 숙소가 어떠냐고 물으셔서 옷을 걸 수 없어 불편하다고 했더니 대나무 하나로 바로 해결해 주신다. 그렇구나! 옛날 분들의 공간 활용 지혜가 지금에 결코 뒤지지 않는다.

이렇게 〈담양에서 한달살기〉 첫 날을 시작했다.

박인수 훈장님이 부채에
〈담양에서 한달살기〉 글과 그림을 그려주셨다.

탄소제로여행

지구가 아프다는 신호를
보내고 있다.

나...
아파...

탄소제로여행을 위해서는
어떻게 해야 할까?

탄소   제로!

STORY 02
가는 날이 장날

나는 장날이라는 단어를 좋아한다. 장날이 주는 이미지 때문이다. 어린 시절 장날에 대한 직접적인 추억은 없지만 장날을 떠올리면 자연스레 많은 장면들이 따스하게 다가온다. 아마도 소설 속에서 또는 TV에서 보아온 장날 풍경이 인상적이었던 것 같다. 그곳에는 너무도 평범한 사람들의 일상이 오롯이 담겨있다. 그래서 전국 어디를 가든 애써 장날을 찾아다니는 데 장날 구경이 쉽지 않다. 장날은 시장이 열리는 날이다. 지금은 대부분 상설시장으로 운영되어 시간에 구애를 받지 않고 물건 구입이 가능하지만 옛날에는 보통 사흘이나 닷새에 한 번씩 장이 열렸다.

담양장날

지역에 따라 장날이 다른데 담양장날은 2일, 7일에 열리는 오일장이다. 오늘은 2일, 장이 서는 날이다. 마음이 두근두근. "설가 장날 구경 가는 일로 설렌다는 말을 하는 거야?" 라고 누군가 웃을 수도 있지만 장날 풍경은 이제 박물관에서 사진으로만 만나게 될 날도 멀지 않았기 때문에 현장 속으로 들어가는 경험은 여행작가에게 꽤나 의미 있는 작업이다.

담양장날은 대나무 제품판매가 주를 이루던 죽물시장으로부터 시작되었다. 1990년 5월 13일 매일경제신문 5면을 가득 채운 담양 죽물시장 기사를 찾아보니 당시 죽물시장이 얼마나 큰 시장이었는지 알 수 있었다. '대쪽 영근 정성, 섬세미 극치'라는 커다란 제목으로 '3백 년 역사 삿갓, 바구니 등 총집합한 전국대나무 한자리에' 로 이어지는 기사는 담양군 전체 가구가 1만 8천 2백 가구인데 그중 17%인 3천 51가구 약 5천여 명이 죽세공을 해서 장날에 내다 팔았다고 한다. 전국에서 재배한 대나무가 모여 판매되던 대시장이 있었고 삿갓은 하루 장날에 3만 장이나 팔렸으며 이 곳 물건들이 중국과 일본까지 판매되었다고 한다. 그러나 플라스틱 제품의 등장으로 죽물시장은 사라졌다. 플라스틱이 나오기 전에는 전국의 보부상들이 죽제품을 사기위해 담양장날로 몰려들었고 저렴하게 한 끼를 해결하려는 사람들을 위해 국수를 팔면서 지금의 국수거리가 만들어졌다.

오늘 장날에 구매할 리스트는 간단하게 한 끼 해결할 수 있는 반찬과 과일이었다. 그러나 장날 구경에 푹 빠져 어느새 나의 손에는 구매 목록에 없었던 꽃 화분과 가격이 착하고 너무 편한 고무줄 바지가 들려있었다. 내가 장날 왜 왔는지 다시 정신을 차려서 다행히 반찬으로 김치와 간장계장을 샀다. 여행에서 시장구경은 빠뜨릴 수 없는 재미이다. 해외이든 국내이든 시장은 그 지역의 느낌을 가장 많이 담고 있다. 그래서 전 세계 *배거본더(Vagabonder)들이 끊임없이 모여드는 도시에는 로컬 시장이 필수 조건이다. 담양읍 담주리 하천로에서는 매달 끝자리가 2일, 7일 날이 되면 인근에서 정직한 농부들이 지어낸 먹거리들이 줄을 이어 손님을 기다린다. 오늘은 담양의 계절을 읽을 수 있는 죽순, 양파, 마늘, 참외, 하지감자가 손님을 맞았다. 없는 물건이 없는 담양 장날은 많은 사람들을 불러 모아 마치 한 편의 뮤지컬 공연을 하는 듯 흥겨웠다. 정겨운 장날에 흥미로운 구경을 하다 보니 머리에 한 보따리 이고 다녔던 걱정 근심이 어디로 갔는지 사라져 버렸다.

*배거본더(Vagabonder): 긴 시간을 들여 더 깊이 관찰하며 세상을 걷는 여행자를 뜻한다.

담양 장날은 2일, 7일에 열리는 오일장이다. 장소는 담양교에서 만성교 사이 하천로이며 주소는 담양읍 담주4길 일원이다.

STORY 03
담양의 여름비는 특별해

비 오는 소리가 잠을 깨웠다. 한옥에서의 3일차. 나무로 지어진 집만이 가진 특유의 소리가 있다는 것을 느꼈다. 마루를 걸으며 방문을 여닫으며 그리고 비오는 날에 비가 나무 집에 닿는 소리가 달랐다. 오늘도 나름 야무진 계획이 있었지만 비가 오니 툇마루에 앉아 마냥 노래 부르는 비를 보게 된다. 빗방울 하나하나를 세어 본다. 세상을 안다는 사람들은 설명하려고 하고 세상을 사랑하는 사람들은 그저 물끄러미 바라본다. 누구나 아무 생각 없이 풍경이든 사람이든 오래도록 바라본 경험이 있을 것이다. 무엇인가를 오래도록 바라보거나 찬찬히 들여다볼 때 우리 내면에는 그 대상에 대한 순수한 마음과 관심 그리고 사랑이 자라난다.

보고 있는 동안 내 마음이 편안해 지고 기쁨이 차오르는 경험을 한다. 비 내리는 소리와 비 오는 공간 그리고 나. 이 순간의 느낌을 내면에 조용히 간직해 본다. 나 홀로 여행이기에 가능한 시간이다.

여행작가를 부러워하는 사람들이 적지 않다. 놀러 다니면서 그 이야기로 돈도 버니까 좋겠다. 이렇게 말하는 사람들이 많다. 어느 정도는 맞는 말이다. 여행목적지에서 더 잘 놀수록 돈을 버는 이상한(?) 직업이다. 그렇지만 여행이 직업이 되니 나도 모르게 효율을 생각하게 된다. 이정도면 지면 분량이 몇 페이지가 되겠구나. 책 한권을 300페이지라고 하면 오늘 10페이지 이상은 뽑아내야 한다. 이런 생각이 자동으로 계산되어 여행지에서 비가 오거나 폭설로 멈추게 되면 마감일정에 속이 뒤집힌다. 강원도 화천 책을 준비할 때 폭설에 발이 묶였었는데 너무 괴로웠다.

지금 생각해보면 그렇게나 많은 눈을 볼 기회가 인생에 몇 번이나 있을까? 그 순간을 즐기지 못했던 내가 안타깝고 딱하다. 여행이란 원래 변수에서 재미를 찾을 수 있는 것인데 이론은 훤히 알지만 여행이 직업이 된 후로는 제대로 즐기지 못했다. 인생을 즐길 줄 아는 사람은 자연의 시간을 이해하려는 순수한 사람이라고 했다. 바쁘게 서두르다 보면 우리는 진짜 중요한 것들을 놓치게 된다.

심부재언 시이불견 청이불문 식이부지기미(心不在焉 視而不見 聽而不聞 食而不知其味)라는 노자의 말은 사람의 마음이 그곳에 머물지 않으면 보고 있지만 보지 못하고, 들어도 들리지 않으며, 먹어도 그 맛을

모른다는 가르침을 준다. 그래서 이
번 담양여행의 목표는 누구의 여행이
아닌 나를 위한 여행이 되는 것이다.
비가 와도 오늘 여행은 망쳤다가 아

니라 빗소리에 집중하게 되고 작고 소소함이 건네주는 즐거움을 내
것으로 챙길 예정이다.

담양 국수거리

국수를 먹기 위해 담양 국수거리로 향했다. 입구에는 머리 위에 국수그릇을 올리고 여행자를 반기는 표지석 모습이 재미있다. 그냥 지나칠 수 없지. 일단 한 컷 사진을 찍고! 그러고 보니 국수가게가 너무 많다. 어디로 정할지 잠시 머뭇거리게 된다. 그런데 "담양까지 와서 왜 국수를 먹어?" 라고 말하는 사람이 있다면 아직 담양국수의 명성을 알지 못해 하는 소리이다. 도착해 보면 관방천을 따라 줄을 이은 국숫집에 놀라고 국수를 먹기 위해 줄을 선 인파에 두 번 놀라게 된다.

3백년이 넘는 아름드리 나무그늘 아래로 자리를 잡았다면 이제 주문을 해보자. 멸치국물국수, 비빔국수, 달걀, 파전이 있다. 메뉴는 간단하고 가격은 저렴하다. 삶은 달걀은 국수와 단짝 같은 곁들임 메뉴로 멸치국물에 달걀을 삶아 짭조름하고 구수한 맛이 매력있다. 국수를 먹는 동안 주위를 둘러보면 관방천 초록풍경이 너무도 아름답다. 그래서 평상 위에서 먹는 한 그릇 국수맛은 오래도록 기억에 남는 추억이 된다. 도톰한 중면 국수에 따라 나오는 반찬은 3~4가지로 국수로도 한 끼 식사가 충분하다. 국수거리의 국수집들은 면과 맛에는 큰 차이가 없으니 기다리는 수고를 하지 말고 눈치껏 자리가 있는 국수집을 선택하면 된다.

국수를 맛나게 먹고 주변 골목길을 따라 산책을 했다. 문득 '걸으면서 가장 풍요로운 생각을 얻게 되었다'는 덴마크의 철학자 키르케고르의 말이 떠올랐다. 담빛길은 독특한 건물들이 마치 영화나 드라마의 세트장 같다. 친구들과 같이 와서 서로 사진을 찍어 주면서 추억 사진을 남기기 좋은 거리였다.

 맛있는 담양국수

담양에서 국수거리는 왜 인기인가요?

담양국수는 역사가 깊어요!

국수집들은 오래전 죽물시장이 성황을 이룰 때, 만들어 졌어요.

새벽에 대나무 바구니를 지고 오느라 아침식사를 놓쳤던 죽세공의 주린 배를 따뜻하게 채워주었던 고마운 국수였다.

STORY 04
담양이 좋은 이유

담양이 좋은 이유 중 하나는 걷기 좋은 숲길 관방제림이 있기 때문이다. 혼이 빼앗길 만큼 화려한 풍경은 아니지만 걸으면 걸을수록 3백 살이 넘은 나무들이 수호천사처럼 그늘을 내려 사람들의 마음까지 시원하게 해 준다. 예로부터 사람들은 강변을 끼고 햇볕이 잘 들어오는 곳에 모여 살았다. 담양 역시 담양천을 중심으로 마을을 이루고 살았는데 담양 지역은 해마다 여름이면 비가 많이 내려 장마와 폭우로 홍수피해가 심각했다. 담양 부사로 부임한 성이성(成以性, 1648~1650)은 담양천이 범람해 백성의 목숨을 빼앗는 것을 겪은 후 자연 재해로부터 백성을 구하기로 결심했다.

관방제림

담양 부사 성이성은 조선 인조 28년(1648)부터 해마다 정성을 다해 둑을 높이 쌓고 나무를 심어 지력을 보강했다. 이후 철종 5년(1854) 황종림 부사가 제방을 다시 보수하면서 지금의 관방제림(官防堤林)이 완성되었다. 자연을 거스르지 않으면서 인간을 이롭게 만드는 인공 숲 관방제림이 만들어 진 것이다. 조선 영조 32년(1756) 이석희가 편찬한 '추성지(秋成誌)'에는 관방제림에 관해 다음과 같이 기록하고 있다. "북천은 용천산에서 흘러내려 담양부의 북쪽2리를 지나며 창일하여 해마다 홍수가 져서 담양부와의 사이에 있는 60여 호를 휘몰아 사상자가 나오므로 부사 성이성이 법을 만들어 매년 봄에는 인근 백성을 출역시켜 제방을 쌓아 이 수해에서 벗어나게 했다."

관비(官費), 즉 나랏돈으로 만든 담양 관방제는 담양읍 남산리 동정자 마을로부터 수북면 황금리를 지나 대전면 강의리까지 총 6km이다. 그 구간 중에 약 2km에 심어진 나무들이 숲을 이루면서 오늘날 관방제림이라 부르게 되었다. 현재 총 4만 9228㎡의 면적에 나무의 나이는 350년 내외이고 가슴높이의 줄기둘레는 1~3m 정도인 나무들이 제방을 따라 빼곡하게 자라 숲을 이루고 있다. 그 풍경이 아름다워 1991년 11월 27일 천연기념물 제366호로 지정되었다. 천연기념물로 지정된 관방제림에서 볼 수 있는 나무의 종류는 푸조나무, 느티나무, 팽나무, 벚나무, 개서어나무, 곰의말채나무, 엄나무 등 184그루이다.

조각보 바느질 시작

관방제림을 따라 걷다가 손바느질로 만든 조각보가 걸린 상점을 발견했다. 이 거리에서 조각보 규방공예를 만날 거라고는 상상도 못했다. 무조건 문을 열고 안으로 들어갔다. "구경 해도 될까요?" "네~." 갤러리에 들어온 듯 하나하나 조용히 살폈다. 아마도 공방 선생님은 그런 나를 보고 있었을 것이다. 얼굴은 땀투성이였고 손에는 카메라가 들려있고 배낭을 메고 운동화를 신은 익숙하지 않은 차림의 어떤 여자를. "바느질 수업도 있나요? 배우고 싶은데…" 분명히 들었을 텐데 대답 대신 시원한 냉커피 두 잔을 가져와 한 잔을 나에게 주신다. 대답이 없다는 것은 무슨 의미일까? 나는 갑자기 오른손을 번쩍 들면서 "저 바느질 잘 해요. 저기 저 조각보 만들어 보고 싶어요."하고 말했다. 결국 선생님은 바느질을 가르쳐 주겠다고 허락했다.

나는 담양에서 한 달 살기를 하려고 왔다고 나를 소개하고 비가 오거나 해가 진 저녁에 와서 바느질을 하기로 했다. 학교 다닐 때 수업시간에 잠시 바느질을 접해 본 것이 전부이지만 그 기억은 기회가 생기면 바느질을 정식으로 배워보고 싶다는 생각으로 연결되어 내 안에 조용히 머물러 있었다. 그렇지만 나의 인생은 항상 너무 바빴고 바느질을 할 여유가 없었다. 담양 수려재에서 드디어 오래 묵힌 나의 소원을 실현해 볼 기회가 온 것이니 순발력 있게 잡은 것이다.

조선시대 규방에서 만든 조각보를 몬드리안(Piet Mondrian, 1872~1944)의 작품과 비교하면서 작품성이나 아름다움에 있어 부족함이 없다는 글을 읽은 적이 있다. 무엇보다 중요한 점은 세계적인 화가와 견주어 미적 구성과 세련된 배치를 높이 평가 받은 작가가 조선시대에 살았던 평범한 엄마들이었다는 점이다. 모든 조각보는 옷을 만들고 남은 자투리 천을 재활용한 생활용품이다. 지금 생각해보니 우리나라 선조들은 보자기를 통해 일찍부터 탄소제로 운동에 참여하고 있었다. 버려지는 천을 활용한 점도 그렇고 사용할 때는 펼쳐 물건을 싸서 편리하게 이동을 하고 사용하지 않을 때는 접어 두었다가 재사용하면서 불필요한 포장을 하지 않았다.

수려재에서 조각보 바느질을 시작했다. 조각보 바느질 방법은 감침질이다. 한 땀 한 땀 일정하고 정갈하게 해야 한다. 매우 촘촘해서 세밀하고 견고하다. 무엇보다 끈기가 필요하다.

우리나라의 보자기가 세계적으로 가치를 인정받는 데는 정성을 다해 만든 물건에는 보이지 않는 힘이 있다고 믿었던 우리나라의 정서 때문이다. 조각보 바느질은 선조들의 지혜와 정서를 헤아려 보는 아주 특별한 시간이 되었다. 내가 바느질을 잘 한다고 말한 이유는 정말 잘 해서라기보다는 바느질을 꼭 해보고 싶어서였다. 잘 안될 수도 있다. 그러나 시도해 보기 전까지는 내가 무엇을 할 수 있는지 아무도 알지 못한다. 나는 나 자신에게 낡은 나를 멈추고 새로움에 도전하기를 두려워하지 말자고 용기를 주고 싶었다.

수려재 전라남도 담양군 담양읍 객사3길 23-13

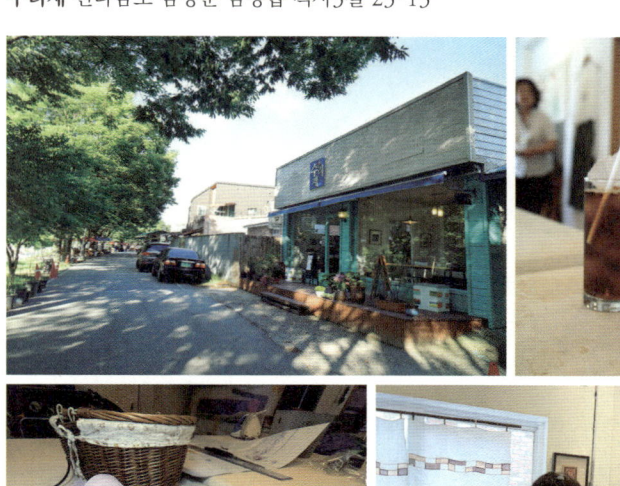

STORY 05
비밀의 화원

바느질 공방 수려재에서 중학교 교장선생님으로 근무하다 퇴직하신 분을 만났다. 몇 마디 오고 갔는데 담양에서 내가 꼭 가야할 곳이 있다고 다음날 이른 아침 죽화경으로 오라고 했다. 죽화경에 도착해서 들어가는 문을 보는 순간, 여기가 바로 내가 책으로 읽고 상상만 했던 *〈비밀의 화원〉이라는 생각이 들었다. 만나기로 한 분은 벌써 와서 나에게 길을 따라 쭉 올라오라고 한다. 그런데 길 좌우로 수많은 꽃들이 서로 봐달라고 미소 짓고 있어 서둘러 갈 수가 없었다.

*비밀의 화원: 영국작가 프랜시스 호지슨 버넷이 쓴 〈비밀의 화원〉은 황무지 같던 아이들의 마음을 변화시킨 마법 같은 비밀의 화원 이야기이다. 비밀의 화원이라는 공간이 주는 신비롭고 아름다운 이미지 덕분에 이 작품은 수많은 영화와 뮤지컬, 애니메이션으로도 각색되어 제작되었다. 우리에게 잘 알려진 〈소공녀〉도 같은 작가의 작품이다.

죽화경

죽화경은 꽃이 넘쳐나는데 모든 게 억지가 없고 자연스럽다는 게 큰 매력이다. 누가 이런 정원을 만들 생각을 했을까? 교장선생님은 죽화경을 가꾼 유영길 님을 소개해 주었다. 한 개인이 5천 평의 황무지에 20여년의 시간 동안 정성을 들여 꽃을 피운 것이다. 이 많은 꽃을 개인이? 너무도 놀라웠다. 인생은 노력한 시간만큼 가치가 있다는 말이 실감나는 장소였다.

죽화경을 만든 유영길 님은 어린 시절 산림청에 다니던 아버지가 집에서 늘 꽃과 나무를 키우셨다고 한다. 그 모습을 보고 자라서인지 자신도 꽃과 나무가 너무 좋아 직장을 그만두고 모든 시간과 재산을 정원 가꾸는데 쓰게 되었다는 이야기를 들려주신다. 차를 마시며 죽화경에 관한 이야기를 나누는 동안 친구, 가족으로 보이는 사람들이 줄을 이어 죽화경으로 들어와 정원을 즐기며 행복한 웃음꽃을 피웠다. 내 눈에는 비밀의 화원에서 즐겁게 시간을 보내는 디콘, 메리, 콜린도 이 곳 어딘가에서 만날 것만 같았다. 그 세 아이들은 씨앗을 심어 꽃을 피우고 함께 정원에 활력을 불어 넣으면서 그들 자신도 자연과의 상호작용을 통해 더 건강하고 행복하게 성장했다. 생명과 같이 호흡할 수 있는 정원에서의 수업이 아이들에게 필수 과목이 될 수는 없을까? 성장기에 죽화경에서 머무는 시간은 분명 아름다운 마음을 심어 줄 것이다.

숙소에 돌아 와 죽화경에서의 시간을 회상해보니 꽃길을 따라 산책했던 좋은 기분이 다시 되살아났다. 어쩌다보니 서울에서는 당연한 듯 아파트에서 살았다. 그래서 나의 화초에 대한 기억은 화분을 사서 아파트 베란다에 놓고 물을 주는 정도였다. 편리한 아파트와 정원이 있는 집 둘 중에 하나를 선택할 수 있다면 나는 후자를 선택하고 싶다. 사람은 자신이 살아가는 자연을 닮는다. 사람의 삶을 정서적으로 풍요롭게 해 주는 주거공간이 편리함의 가치와는 비교할 수 없을 만큼 중요하다는 것을 이제야 깨닫고 있다.

죽화경 전라남도 담양군 봉산면 유산길 71

장미꽃이 가득한 카페 주평

해외이든 국내이든 나는 여행 중에 현지인들이 운영하는 카페를 찾아 차 한잔하면서 글도 쓰고 지역 주민들과 이야기하는 것을 좋아한다. 정원이 예쁜 카페가 있다고 해서 수북면 주평리로 갔다. 논밭이 펼쳐진 수수한 시골마을 안에 폭 안겨있는 듯 그림처럼 예쁜 집이었다. 꽃과 건물이 그렇게 잘 어울리기도 힘들 것 같다. 바닐라 더블샷 라떼와 쉬폰케익을 주문하고 천천히 카페 분위기를 살펴보았다. 부부가 운영하는 카페였다. 남편은 정원의 꽃을 정성스럽게 가꾸고 아내는 차와 빵을 만든다. 이곳의 장미는 일 년에 4번 꽃이 피는데 5월의 정원이 가장 화려하다고 한다. 편안한 시골풍경 속에서 혼자 조용히 머물며 차를 마시고 글을 끄적이는 주평에서의 시간이 좋았다. 장미꽃이 가득한 카페 주평을 뒤로 하고 나오는 길에 아주 커다란 나무가 마치 마을을 지켜주는 수호천사처럼 늠름하게 서 있었다. 커다란 나무를 기억하고 싶어 사진기를 꺼내 셔터를 누르는데 나무와 이웃하고 있는 집에서 할머니 한 분이 나오시다가 나를 발견하고 멈춰 서서 웃으신다. 어색한 분위기라 나는 "나무가 참 멋있네요," 인사를 했다. 그랬더니 자신이 젊었을 때 월남치마 입고 이 나무 아래서 찍은 사진이 있는데 지금도 보면 볼수록 좋다고 말해 주신다. "아! 그렇군요. 하하." 대문을 열고 나오면 바로 만나는 나무를 사진으로 찍어 집안에 두고 보면서 참 좋다 말하는 것은 무슨 의미일까? 누구나 자신의 리즈 시절이 있는 법. 아마도 자신의 그 고왔던 리즈 시절이 좋았다는 말인가 보다. 사진 찍는 나를 보면서 자신도 이 나무가 마음에 들었고 그래서 예쁘게 차려입고 나무와 함께 사진 찍었던 그때가 있었음을 말해 주고 싶었나 보다. 지나는 낯선 이에게 자신의 이야기를 해주고 얼굴 가득 웃어 주시는 댓가 없는 친절에 "말씀 감사합니다!" 큰 목소리로 고마움을 전했다. 따뜻한 마음빛을 받았기 때문이다. 감사할 일이다. 월남치마를 입은 고운 얼굴의 아가씨와 사진을 찍었던 나무는 얼마나 많은 마을 이야기를 알고 있을까? 나무가 들려주는 옛날이야기가 듣고 싶어지는 날이다.

STORY 06
역사를 따라 걷는 길

이른 아침에 출발해 금성산성으로 향했다. 금성산성은 담양군 금성면과 전라북도 순창군의 경계를 이루는 금성산(해발 603m)에 위치하고 있다. 금성산성 주차장에서 출발해 보국문을 향해 오르다 보면 *동학농민혁명군 전적지라고 쓴 돌비석이 있다. 금성산성이 전봉준과 관련된 슬픈 역사가 스며있는 곳이라는 표시이다. 동학농민군을 이끌던 전봉준은 우금치 전투에서 패한 후 3개월간 금성산성에 주둔하며 일본군과 싸울 준비를 하고 있었다.

*동학농민운동: 조선시대 고종 31년(1894)에 동학교도 전봉준이 중심이 되어 일으킨 반봉건·반외세 운동이다.

전봉준은 식량 보급을 위해 순창에 갔다가 1894년 2월 현상금을 노린 옛 부하 한신현과 김경천의 밀고로 관군에게 체포되었다. 동학농민군은 전봉준을 구하기 위해 크고 작은 격전을 벌였지만 구출하지 못했고 금성산성에 있던 천여 명의 동학농민군은 관군에 의해 모두 희생되었다. 얼마나 피비린내 나는 치열한 전투였는지 이때 금성산성 내성의 모든 시설이 잿더미가 되었다. 금성산성은 전봉준이 이끌었던 동학농민군 최후의 싸움터였다. "새야새야 파랑새야 녹두나무 앉지 마라, 녹두꽃이 떨어지면 청포장수 울고 간다." 전봉준은 키가 작아 녹두장군에 비유되었고 파랑새는 군복색과 관련지어 일본군을 의미했으며 청포장수는 동학군을 지지한 당시 민중들을 상징하고 있다. 그 당시 민중들은 이 노래를 부르며 어려운 시절 희망이었던 녹두장군 전봉준의 죽음을 슬퍼했고 구전되어 지금까지 민요로 불리고 있다.

금성산성

금성산성 주차장에서부터 15분쯤 걸어가면 남문으로 가는 산길이 시작된다. 소나무와 활엽수들이 섞인 숲길 좌우를 감상하며 오르다 보면 두꺼비바위와 사랑바위를 만난다. 그렇게 20분쯤 더 걷다 보면 가파른 용설바위가 나오고 그 위에 우뚝 솟은 성벽이 모습을 드러낸다. 성 아래에서는 똑바로 서 있기도 힘든 지형이다. 난공불락 천혜의 요새라는 말이 확실하게 이해되는 지점이다. 금성산성은 작고 큰 돌로 탄탄하게 쌓아 올린 성곽으로 외성과 내성을 쌓은 이중성이다.

망루 밑에 있는 문이 외남문이다. 외남문(보국문, 補國門)과 안쪽의 내남문(충용문, 忠勇門)을 합쳐 남문으로 부른다. 성 밖 관찰을 쉽게 하고, 적의 공격에 효율적으로 대응하기 위해 새의 부리처럼 튀어 나오게 쌓은 성곽 끝부분에 외남문이 있다. 외남문 너머로는 추월산이 마주하고 발아래는 굽이치는 담양호 물줄기가 힘차게 흐른다. 금성산성은 남문에서 시작해 다시 남문으로 돌아오는 둥그렇게 된 산성이다. 외성의 길이는 6,489m, 내성의 길이는 859m로 전체 성곽의 길이는 7,348m이며 전체 면적은 약 33만 평이다. 금성산성이 처음 축성된 시기는 고려 우왕 6년(1380) 고려사절요에 언급되고 있어 고려말 이전으로 추정하고 있으나 성벽의 흔적을 토대로 삼국시대(기원전 57~676년)로 추정하는 역사가도 있다.

조선 태종 9년(1409)에는 금성산성을 개축했으며 임진왜란이 끝난 광해군 2년(1610) 파괴된 성곽을 개수하고 내성을 구축했다고 기록하고 있다. 효종 4년(1653)에는 성첩(城堞)을 중수함으로써 그야말로 지리적 요건을 맞춘 견고한 병영기지의 면모를 갖추었다는 기록이 남아있다. 옛 문헌을 좀 더 살펴보면 조선 말기에는 성 안에 130여 호의 민가가 있었고, 관군까지 2천여 명이 머물렀던 거대한 성이었다. 외성(外城), 내성(內城), 성문(城門), 옹성(甕城), 망대(望臺)를 갖추고 성 안에는 사찰인 보국사, 민가, 29개의 우물, 관아시설, 곡식 1만 6천 섬이 들어갈 수 있는 군량미 창고가 있었다. 금성산성의 형태는 산성산 줄기의 철마봉, 운대봉, 장대봉을 연결하여 해발 350~600m 능선에 외성과 내성을 쌓았다. 성곽의 높이는 3m이며, 성벽에 사용된 돌은 화강암과 산성 주변에서 구한 점판암이다.

가파른 지형에 셀 수 없는 작은 돌로 쌓아 만드는 과정은 백성들의 노동력 없이는 불가능했다. 금성산성이 완성되자 그 규모와 위용이 대단하여 산을 압도할 정도로 컸다. 그래서 금성산 이름 대신 산성산이라는 이름으로도 부르게 되었다. 금성산성 본성에는 동서남북 4곳의 문이 있는데 그 가운데 가장 중요한 통로는 서문이다. 서문과 동문에는 성의 안전을 위해 옹성을 설치했다. 통로로 사용된 문 이외에는 사방이 30여m가 넘는 깎아지른 절벽으로 둘러싸여 있어 그 누구도 성 안으로 들어올 수 없었다. 금성산의 주봉인 철마봉을 비롯하여 일대의 산지는 경사가 매우 가파르다. 또 주변에는 금성산보다 높은 산이 없어 성 안을 들여다볼 수 없고 성 가운데 지역은 분지로 요새로는 완벽한 지리적 요건을 갖추고 있다.

주소 전라남도 담양군 금성면 금성산성 1길 10

금성산성 주변 가볼만한 곳

추월산 추월산은 험준한 봉우리가 달에 닿을 정도로 높게 보여 추월산(秋月山)이다. 산의 능선이 마치 스님이 누워있는 형상이라 와불산(臥佛山)이라고도 한다. 전라남도 5대 명산 중 하나이자 금성산성과 함께 임진왜란 때 치열한 격전지였다. 많은 수림과 기암괴석, 깎아 세운 듯한 석벽이 성을 쌓은 것처럼 둘러져 있다. 보리암봉(697m)에 오르면 담양호와 담양읍, 강천산이 펼쳐져 한 폭의 동양화를 보는 듯하다.

담양호 담양호는 1976년 9월에 축조된 호수이다. 담양호를 중심에 놓고 추월산과 가마골 생태공원, 금성산성이 삼면을 감싸고 있다. 산간 호반도로는 드라이브 코스로 각광받고 자전거 마니아들이 줄을 이어 오는 명소이다. 특히 담양호 빙어는 영산강 시원지 가마골에서 흘러내린 차가운 물과 깨끗한 수질 덕에 맛이 으뜸이다.

담양온천 금성산성 산행 뒤 들르면 피로를 풀기 좋다. 조경과 기반 시설이 잘 갖춰진 담양호텔·리조트 안에 대형 온천탕이 있다. 지하 1000m에서 끌어올린 알칼리성 온천수를 쓴다. 물치료탕, 찜질방, 야외 노천탕 등을 갖췄다. 세미나실, 이벤트광장, 한식당 등의 시설도 있다.

STORY 07
이상한 일이야

죽녹원 안에 있는 한옥에서 한 달 살기 중이다. 이곳에 살면서 출입을 하려면 후문 주차장에 있는 매표소를 지나야 한다. 그곳에는 죽녹원을 관리하는 직원들의 사무실이 있다. 매일 나가고 들어올 때 인사를 하면서 직원과 담양 이야기를 할 기회가 있었다. 담양에서 꼭 가 봐야 할 곳을 추천해 달라고 했더니 연동사를 추천해 준다. 그곳에 가면 아주 특별한 경치를 볼 수 있는데 잘 알려지지 않아 한적해서 더욱 좋다고 한다. 잠시 잊고 있었다. 전우치가 도술을 배웠다는 연동사의 동굴 법당. 7년 전에 가 본 기억이 되살아났다. 진짜 아주 특별한 장소였다. 날씨도 맑고 밝으니 오늘은 연동사로 일정을 정했다. 천년사찰 연동사라는 돌비석의 안내를 따라가다 보면 호수 같은 저수지와 그 뒤로 펼쳐진 산자락이 만든 순수한 풍경에 발걸음을 멈추게 된다. 연동사를 즐기는 여행은 여기서부터 시작이다.

여행을 다닐 때 목적지로 향하는 길에서 작은 돌, 풀 한 포기, 싱그러운 바람이 마음에 쏙 들 때가 있다. 그럴 때는 가던 길을 멈추고 멍하니 서서 나도 하나의 자연이 되어 본다. 나의 여행은 갈 길을 가르쳐 주는 나침반이 마음이다. 보통의 사물이 주는 아름다운 장면들을 놓치지 않고 내 안의 기억창고에 차곡차곡 쌓아 놓는다. 나라는 사람의 결은 그렇게 여행길에서 만들어지고 있다. 여행을 직업으로 시작한 지도 10여 년이 넘었다. 그동안 여행지에서 매우 이상한 경험을 많이 했다. 여행득도를 했다고 하면 과장일까? 나는 여행지에 도착해서 내가 이곳에 온 것이 아니라 신기하게도 이곳의 무엇이 나를 불렀다는 경험을 하곤 한다. "너무 상상력이 과한 것 아닌가요?"라고 어이없다는 듯 말하는 사람들이 있다. 그러나 그런 느낌은 사실이다.

그래서 목적지에 도착해 뭔가 보려고 크게 애쓰지 않는다. 나를 불러 보여주려고 준비한 무엇을 차분하게 누리면 되기 때문이다.

연동사

오랜만에 찾아온 연동사는 여전히 넓은 터에 작은 규모의 대웅전 한 채가 여행자를 소박하게 맞아준다. 연동사가 위치한 곳은 금성산성의 남쪽 산자락으로 서쪽으로는 광덕산, 북쪽으로는 강천산과 이어진다. 금성산성이 자리하고 있는 산세는 보면 볼수록 유별나게 아름다운데 그 이유는 아마도 수많은 사람들의 한과 슬픔이 스며있기 때문인 것 같다. 안타까운 역사의 아픔을 겪으면서 금성산은 모든 건축물들이 불타 없어졌다. 연동사도 환란의 시대를 비켜가지 못해 터만 남았고 두 스님의 땀방울로 다시 만들어 극락보전 한 채만 있게 되었다. 절 이름에 연기 연(煙) 글자를 써서 연동사(煙洞寺)라 한 것은 이런 운명을 내다보았던 것 같다.

대웅전을 지나 길을 따라 걸어가면 오른쪽에 동학농민혁명군 전적비가 서 있다. 자세한 설명이 없어 무슨 의미로 여기에 자리하고 있는지 알 수 없다. 동학농민혁명군이 최후를 맞이한 곳이 금성산성이니 그곳으로 가는 길목에서 기억해야만 하는 사건이 있었던 것 같다. 보다 자세한 역사가들의 연구와 안내판의 설명이 필요해 보인다. 길을 따라 올라가면 두 갈래 길이 나오는데 그 곳에 흙집으로 된 무료찻집이 있다. 절에서 금성산 산행을 하는 등산객을 위해 마련한 공간으로 잠시 쉬면서 차를 마시기 좋다.

추운 계절에는 난로에서 고구마도 구워 먹을 수 있다. 깊은 산중을 지나는 여행자가 잠시 쉼표를 찍을 수 있는 공간은 참으로 고맙다. 야외법당, 동굴법당이라는 표지판을 따라 왼쪽 길로 방향을 잡았다. 연동사의 선행스님이 매일 예불을 드리는 노천법당에 도착했다. 거대한 화산암군 바위 아래 지장보살과 삼층석탑이 있다. 커다란 바위는 분지가 형성되면서 역암, 각력암, 사암, 이암 등이 퇴적되어 다양한 암석들을 펼쳐 보여준다. 여기 있는 암석은 선택적으로 풍화작용을 받으며 구멍이 생겼는데 이런 곳을 풍화혈이라고 한다. 풍화혈이 깊은 곳에 전우치 동굴법당이 있다. 또한 암벽에는 풍화혈 중에서도 벌집처럼 집단적으로 파인 구멍인 타포니(Tafoni) 현상을 보이고 있어 더욱 신비로운 분위기를 준다. 그래서 이곳은 담양의 지질명소이기도 하다. 국가 지질공원으로 지정된 금성산성 화산암군 지역이다.

연동사 전라남도 담양군 금성면 하성길 33-14

연동사지 지장보살입상과 연동사지 3층석탑

연동사지 지장보살입상은 금성산성의 남쪽에 있는 암벽 바로 밑에 위치한 석불로 1992년 11월 30일 문화재자료 제188호로 지정되었다. 전체적으로 둥글넓적한 얼굴에 눈은 지그시 감고 있으며 코는 납작하지만 오동통해서 친근감을 준다. 어깨를 움츠린 채 약간 앞을 향해 고개를 숙인 모습이라 마치 찾아온 사람을 향해 걸어오는 듯한 인상을 준다.

입은 작고 귀는 크고 길게 내려왔으며 짧은 목에는 삼도(三道)가 희미하게 보인다. 법의는 양팔을 걸쳐 내려온 한 가닥으로 간략하게 묘사했다. 정상부에 육계(肉髻, 부처님의 정수리에서 크고 높은 지혜를 상징하는 것)가 없이 민머리로 처리한 것으로 보아 지장보살로 추측된다. 지장보살이라면 당시에는 지옥문을 깨뜨린다는 석장인 육환장과 어둠을 밝히는 보석구슬인 장상명주를 들고 있었을 것이다. 지장보살은 지옥에서 고통 받는 중생들을 구원하는 보살로 우리나라에서는 고려시대 후기에 지장신앙이 널리 퍼져 있었다. 지장보살은 대부분 불화(佛畵)에 많이 나타나는데 여기서는 석조로 되어있어 매우 희귀한 사례이다. 야외법당에서 바위를 뒤로 하고 내려다보는 풍경은 시야가 툭 트여 시원하고 숲이 아름다워 이곳에 오길 정말 잘했다는 감탄을 하게 된다. 그리고 보니 지장보살은 어디를 보고 있나 궁금해졌다. 지장보살이 일 년 열두 달 매일같이 바라보는 곳은 산성으로 오르내리는 길목이다. 지정보살은 아주 오래전부터 산성을 오르내리는 한 많은 사람들의 안녕을 빌어 주고 있었던 것이다.

지장보살과 함께 있는 연동사지 3층석탑은 1997년 7월 15일 전라남도 문화재자료 제200호로 지정되었다. 무너져 흩어져 있던 것을 1996년에 새로 복원했다. 담양읍에 있는 오층석탑(보물 제506호)과 같이 백제시대 석탑양식을 이어받아 고려 말기에 세운 것으로 추정된다.

마시면 신선이 된다는 추성주

고려 초에 창건된 연동사에서는 스님들이 건강을 지키기 위해 빚어 마시던 곡차 추성주(秋成酒)가 있었다. 추성주는 통일신라 경덕왕 때부터 고려 성종 때까지 약 250년 동안 추성군으로 불린 담양의 옛 지명 추성(秋成)에서 따온 이름이다. 추성주는 한약재로 사용되는 두충, 구기자, 음양곽, 오미자 등 20여 가지의 약초가 들어가기 때문에 강장과 혈액순환에 좋고 마시기가 부드러우며 주취가 빠르고 뒷맛이 깨끗한 술이다. 술 맛이 너무 좋아 마시면 신선이 된다 해서 '제세팔선주(濟世八仙酒)'라고 불리기도 하였다. 1700년경 담양부사 이석희가 담양 풍물에 대해 쓴 담양군지 추성지에 의하면 '이 지역 스님들이 절 주변에서 자라는 여러 가지 약초와 보리, 쌀 등을 원료로 하여 술을 빚어 곡차로 마셨는데, 이 술은 신선주로 허약한 사람들과 애주가들이 애음했으며, 그 비법은 구전하고 있다'라는 기록이 있을 만큼 역사가 오래된 술이다. 현재 담양군 용면에 있는 양조장 추성고을의 양대수 식품명인은 연동사 곡차 제조법이 적힌 문서를 통해 추성주를 재현했다. 큰 사찰이 모두 불에 타서 연기가 되었지만 여전히 산성으로 가는 길목에 서서 사람들의 안녕을 지켜주는 고마운 석불이 있고 마시면 신선이 된다는 추성주, 전우치가 도술을 배웠다는 동굴법당 등 믿을 수 없는 이야기가 가득한 연동사는 신비하고 이상한 여행지이다.

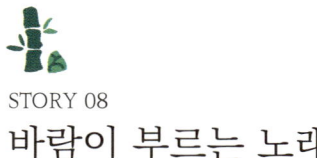

STORY 08
바람이 부르는 노래

담양은 초록정서가 가득한 지역이다. 담양여행을 하다 보면 눈에 들어오는 화면의 대부분은 자연이 주는 초록색이다. 초록색에는 불안한 뇌를 진정시키고 피곤한 눈이나 몸을 쉬게 해주는 효과가 있다. 늘 피곤한 상태라면 초록색을 가까이 두는 것이 좋다. 실내에 식물을 들여놓거나 초록 계열의 옷을 입으면 마음이 한결 편해진다. 그래서 초록색을 좋아하는 사람의 성격은 온화하고 솔직하다. 오늘은 오로지 초록만 있는 대나무 숲을 걸으며 초록부자가 되고 싶었다. 담양에서 가장 유명한 대나무 숲은 죽녹원이지만 오늘은 조금 덜 알려진 대나무골 테마공원으로 향했다. 멀리서부터 대나무들이 합창하듯 나 홀로 찾아온 여행자를 반겨준다.

매표소를 통과해 조금 걸어 들어가면 샘물 죽로천이 있다. 이곳에 오느라고 마음이 바빴다면 향긋한 대나무향이 나는 물 한 모금을 마신 후 산책을 시작해도 좋다.

대나무골 테마공원

이곳에는 다른 여행지에서 볼 수 있는 편의시설은 없다. 오로지 하늘을 찌를 듯 한 대나무와 그 사이를 지나가는 바람 뿐이다. 푸르른 소나무와 새들의 지저귐 그리고 고요함은 별책부록이다. 조용한 이곳에서는 나를 재촉하는 아무 것도 없기 때문에 마음 가는 대로 여유를 부리기 좋다. 대숲 사이로 천천히 걸어 들어가면 높이 자란 대나무 사이로 죽순과 야생 차나무가 자생하고 있어 운치를 더해준다. 이곳은 죽순을 채취해서 팔지 않고 솎아내지도 않아 빽빽한 대나무 숲 풍경이 자연 그대로이다. 공기 맛을 느낄 줄 안다면 대나무 숲이 내어주는 공기를 한껏 마시면서 산책을 해도 좋다. 대나무는 음이온과 산소량 발생이 높아 머리를 맑게 해주기도 하지만 달콤한 공기맛이 난다. 대나무골 테마공원은 자신의 시간에 맞춰 여행이 가능하다. 바쁜 일정이라면 지름길로 간단히 돌아볼 수 있고 시간 여유가 있다면 모든 길을 천천히 하루 종일 걸어 다녀도 좋다. 이곳의 이름은 대나무골 테마공원이지만 대나무 길만 있는 것이 아니고 대숲과 연결된 소나무 숲길도 있어 죽림욕과 함께 송림욕을 즐길 수 있다.

담양에 봄이 찾아오면 한창 대나무 죽순이 나와서 하늘을 향해 힘차게 자란다. 죽순은 40일 안에 쑤욱 다 자라 버린다. 이후에는 더 이상 자라지 않고 두꺼워지지도 않고 다만 단단해질 뿐이다.

사람 없는 대나무 숲에 멈춤 그림처럼 앉아 한참을 바람이 들려주는 소리에 집중했다. 그러자 바람과 대나무가 흔들리는 간격 안에서 하루에 50~60㎝씩 자라는 대나무 크는 소리가 들리듯 했다. 대나무가 가장 활발하게 자라는 때는 비가 내린 이후이다. 그래서 비가 온 뒤에 대나무 숲으로 가면 우후죽순(雨後竹筍)이란 말을 완벽하게 실감할 수 있다. 대나무가 저렇게나 곧고 높게 성장할 수 있는 비밀은 마디에 있다. 사람도 죽을 것 같은 힘듦을 견디고 나면 인생에서 마디로 남아 앞으로 나아갈 수 있고 그렇게 단단해지는 것이다.

대나무골 테마공원의 초록 숲 이미지는 CF촬영의 배경이 되고 KBS 〈전설의 고향〉, KBS 드라마 〈여름향기〉, 영화 〈청풍명월〉, 〈흑수선〉, 〈청연〉 등의 촬영지가 되었다.

대나무를 심은 그 사람이 그립다.

언론인이며 사진작가인 신복진 씨는 자신의 고향 땅 담양군 금성면 봉서리에 20여 년 동안 직접 대나무를 심고 가꿔 9만 1,734㎡(2만 7,700평)에 이르는 대나무골 테마공원을 만들었다. 대나무골 테마공원을 산책하면서 애니메이션 *나무를 심는 사람의 주인공 엘지아 부피에가 떠올랐다. 그리고 고인이 되신 신복진 씨가 그리웠다. 그분을 만나 이 땅의 시작과 과정을 들어볼 수 없어 안타까웠다. 어떤 신념으로 대나무를 심기 시작했는지 절망감은 없었는지 추측해 볼 수밖에 없다. 그 역시 엘지아 부피에처럼 20여 년 동안 묵묵히 고독과 싸우며 매일 같이 대나무를 심었으리라 상상해 본다. 그의 꾸준한 노동이 우리에게 선물한 수려한 숲은 건강한 기운과 초록색 풍경으로 넋을 잃게 만든다. 개인이 만들었다고는 도저히 믿을 수 없는 울창한 대나무 숲 사이로 난 길에 서서 과거와 오늘의 변화를 상상해 본다. 신복진 씨는 돌아가셨지만 그로 인해 많은 사람들이 대나무골 테마공원에 와서 행복한 순간을 만끽하며 치유의 시간을 선물 받고 있다. 고집스럽게 타인을 위해 선한 일을 했던 나무를 심는 사람의 주인공 엘지아 부피에는 애니메이션 속의 가상인물이지만 신복진 씨는 실제 존재하는 인물이었기에 더욱 큰 감동을 준다.

대나무골 테마공원 전라남도 담양군 금성면 비내동길 148

*나무를 심는 사람 (The Man Who planted Trees): 30분짜리 극장용 단편 애니메이션 영화로 1987년 캐나다의 CBC와 소시에트 라디오캐나다(Societe Radio-Canada)에서 제작하였다. 엘지아 부피에라는 사람을 모델로 한 장 지오노(Jear. Giono)의 원작을 프랑스 출신의 캐나다 애니메이션 작가 프레데릭 백(Frederic Back)이 애니메이션 영화로 제작한 작품이다. 프로방스 지방의 어느 고원지대 황무지에 55세의 양치기 노인 엘지아 부피에는 날마다 나무를 심어 30여년이 지나자 풍요로운 숲을 이룬다. 폐허가 되었던 마을의 변화를 보며 한 인간의 숭고한 정신과 마주치게 된다는 감동적인 내용이다.

달콤한 곰 한 마리

대나무골 테마공원에서 나와 담양읍으로 오는 길에 가로수길이 이렇게 멋있어도 되는 건지 놀라고 있는데 그 길가에 관심을 끄는 건물이 있어 멈췄다. 특별히 부르는 이름 없는 길이 간직하고 싶은 예쁜 길이라는 것도 놀랍지만 담양에는 외국 관광지에서나 만날 것 같은 개성 돋는 건물과 인테리어의 카페가 곳곳에 있어 놀라고 있다. 시원한 디저트가 먹고 싶어 팥빙수를 주문했다. 곰 한 마리가 올라간 빙수를 받아 들고 테이블에 앉았다. 빙수를 먹으며 카페 밀밀에서 바라보는 전망은 시원하게 펼쳐진 논이다. 논두렁을 뷰로? 발리여행 갔을 때 논두렁 투어가 인기 관광 상품이었다. 뭐지? 우리나라 지방에는 어디를 가나 쉽게 보는 풍경이 논이고 밭인데 그 사이를 걷는 게 특별한 여행이 된다고? 어떤 면에서는 어이없기도 하고 한편으로는 생각이 다른 문화 다양성을 직접 경험해 보는 여행이었다. 그런데 담양의 한 카페에서 과감하게 논을 확 트인 창으로 불러와 보여준다. 논두렁이 있는 그대로 훌륭한 작품이 되고 있다. 이렇게 마주하고 보니 예전에는 몰랐는데 벼가 올라온 초록 논두렁이 참으로 아름다웠다. 지금은 아니지만 농사 짓는 모든 순간을 여기서 다큐멘터리 프로그램을 보듯

지켜볼 수 있을 것 같았다. 계절에 따라 달라질 창밖 풍경이 궁금해졌고 프랑스의 사실주의 화가 장 프랑수아 밀레의 대표작인 이삭 줍는 사람들이라는 작품이 떠올랐다. 누가 여기에 논 뷰를 메인으로 하는 카페를 만들었을까? 궁금한 것들이 많았다. 누구에게 물어보면 좋을까 살피는데 손님들이 줄을 이어 들어와서 직원들이 주문받고 차를 만드느라 몹시 바빴다. 물어보기가 미안해 다음을 기약하고 그냥 나왔다. 여기는 카페가 있을 만한 번화가도 아니고 농촌인데 찾아오는 사람들이 많다. 주위를 살펴보니 손님들은 카페 안팎 여기저기에서 사진 찍기에 바빴다. 그렇게 SNS에 올린 사진들이 사람들을 불러 모은 것 같다. 달콤한 곰 한 마리 올라간 빙수를 다 먹고 나니 속이 시원해졌다. 지나는 길에 무심코 들린 카페 밀밀에서 잠시 외국에 온 듯 감상에 젖어보는 시간이 되었다. 담양이 달콤하게 달라지고 있었다.

천천히 대나무 숲을 걸어보자

대나무 숲을 걷다보면
바람이 부르는 노래 소리가 들린다.

그래서일까? 예로부터 문인들의 사랑을 듬뿍 받은 대나무는 수없이 많은 시(詩)가 전해온다.

담양의 대나무 숲에 봄이 찾아오면
봄기운을 물씬 머금은 죽순들이
얼굴을 내민다.

죽순이 한창 성장할 때는 하루에 50~60cm씩 자라며

다 크고 나면 높이는 10~20m, 너비는 12~20cm가 된다.

대나무가 하늘을 찌를 듯 높고 곧게 성장할 수 있는 비밀은 마디에 있다.

인생도 힘든 시련을 잘 견디고 나면 인생에서 마디로 남아 훌쩍 성장할 수 있다.

STORY 09
16세기 타임캡슐 미암일기

"너는 담양 어디가 궁금해? 어디를 다시 가보고 싶어?" 담양에 오기 전에 나에게 물어보고 생각이 날 때마다 적어 두었다. 새로운 곳을 찾고 싶은 마음도 크지만 담양은 다시 가보고 싶은 곳이 많기 때문이다. 그중에 한 곳이 미암일기(眉巖日記) 원본을 보관했던 모현관(慕賢館)이다. 공들여 기억하고 기록하는 일이 직업이기 때문에 특별히 더 일기에 관심이 갔을지도 모른다. 담양에 명소가 그렇게나 많은데 일기를 보러 가고 싶었다고? 의외라고 고개를 갸웃할 수도 있다. 미암일기는 한 개인의 일기였지만 얼마나 세밀하게 기록했는지 역사적인 자료로의 가치뿐 아니라 16세기에 살았던 사람들의 생활상을 살펴보는 재미가 크다. 일기는 매일 자신의 경험을 자유롭게 기록하는 글이다. 그런데 일기란 하기 싫은 숙제로 기억된다.

일기는 하루를 차근차근 적어보면서 자신을 정리하고 미래에 대한 초석으로 삼을 수 있는 좋은 습관이지만 학창시절 일기를 제출하면 선생님의 검사가 기다리고 있기 때문에 솔직하게 자신의 속마음을 쓰지 못했다. 일기의 가치에 대해 객관적으로 논해 보자면 정통적인 문학 작품이 아니기 때문에 폄하될 수 있다. 그렇지만 출판을 목적으로 한 글이 아니기 때문에 더 솔직하고 자유로운 생각을 고스란히 담고 있어 역설적으로 그런 이유 때문에 가치를 가지게 된다. 위대한 일기 쓰기를 말해 보라고 하면 누구나 제일 먼저 이순신(李舜臣)의 난중일기를 떠 올린다. 백전백승의 명장이었기에 태어날 때부터 용감한 장군이었다고 생각할 수 있지만 그의 일기를 살펴보면 그는 전장에서 늘 몸이 아파 괴롭다고 적고 있다. 이순신은 우리가 생각한 것보다 불완전하고 연약한 한 인간이었던 것이다. 그렇지만 일기를 쓰면서 매일 자기반성을 통해 부족한 점들을 극복해 결국 민족의 영웅이 될 수 있었다. 바로 이런 이순신의 인간적인 모습은 그가 쓴 일기가 아니었으면 알 수 없었을 것이다. 난중일기는 유네스코 세계기록유산에 등재되어 인류 모두의 소중한 기억으로 보존되고 있다. 일기는 자신의 느낌을 가감 없이 담을 수 있는 그릇이다.

모현관과 연계정

미암일기는 유희춘(柳希春, 1513~1577)이 선조 즉위년(1567) 10월 1일부터 시작해서 그가 죽기 전날인 1577년 5월 13일까지 11년간 쓴 일기이다. 이 일기는 조선시대 개인 일기 중에 가장 많은 양이며 역사적인 자료로 가치가 매우 크다. 개인의 일기를 넘어서 그 가치가

역사적인 자료로 칭송받는 것은 임진왜란 중에 실록의 기초가 되는 승정원일기가 불에 타 버려 선조실록 편찬이 어려웠을 때 승정원일기를 대신할 만큼 소중한 자료였기 때문이다.

담양군 대덕면 장동(獐洞)으로 가면 미암일기를 보관했던 모현관이 있다. 16세기 지명은 태곡(太谷)이었고 지금은 노랑골(노루골마을)로 불리고 있는 마을이다. 뒤로는 노루 형상을 한 노루봉이 점잖게 버티고 앉아 마을을 포근히 감싸고 있다. 마을 역사는 고려 말에 정승을 지낸 채문부가 심었다는 느티나무와 그의 묘가 있는 것으로 보아 고려시대부터 형성된 유서 깊은 마을임을 알 수 있다. 신기하게도 일기를 보관하고 있었다는 모현관은 마을 한가운데 있는 연못 안에 있다. 중요한 자료를 보관하기 위해 문중에서 연못 안에 모현관을 지었던 것이다. 그러나 지금은 맞은편에 새로 지은 미암박물관으로 옮겨 소장하고 있다. 일기에 관심이 있든 없든 상관없이 한여름에 모현관에 간다면 연못에 가득 피어오른 수많은 연꽃이 펼쳐 놓은 풍경에 반하게 된다. 사람의 발길이 없는 이른 새벽에는 원앙새들이 놀고 가는 아름다운 연못이다.

노루가 많이 살아 노루봉이라 불리는 마을 뒷산으로부터 흘러 내려오는 맑은 물을 받아 만들어진 모현관 연못은 한국 전통의 천원지방(天圓地方, 하늘은 둥글고 땅은 네모나다) 원리에 따라 만들어진 네모 모양이다. 연못 주변에는 오랜 역사를 말해주는 듯 수백 년 된 커다란 나무들이 빙 둘러 고고한 향기를 품고 있다. 그중에서 가장 오래된 당산나무 뒤쪽으로 올라가면 언덕에서 연못을 내려다보고 있는 연계정(蓮溪亭)이 있다. 그곳은 미암이 벼슬을 내려놓고 낙향하여 후학들을 가르치며 지냈던 정자이다.

미암박물관

모현관 연못에서 자연스레 발길이 가는 연계정을 다녀왔다면 다음 일정은 미암박물관이다. 이곳은 16세기 타임캡슐 미암일기를 쓴 유희춘과 관련된 유물을 전시·관리하고 있는 박물관이다. 안으로 들어가면 타임머신을 탄 듯 조선시대가 펼쳐진다. 2012년에 새로 지은 미암박물관에는 국가지정 문화재인 보물 제260호 미암일기를 비롯하여 지방지정 유형문화재 265호 모현관 고문서, 민속자료 제36호 미암사당 벽화 등 800여 점의 유물을 전시하고 있다. 11년간의 일상을 매일 세밀하게 적어 놓은 미암일기는 본래 14책이었으나 지금 남아

있는 것은 11책이다. 일기 10책과 미암과 부인 송덕봉(宋德峰, 1521~1578)의 시문을 모은 부록 1책이 있다. 미암일기 안에는 이황, 이이, 허준, 정철, 기대승, 송순 등 당대의 학자들과의 일상도 담겨 있다.

미암일기의 내용을 보면 조선시대는 남존여비의 시대로 가부장적인 양반사회였다는 고정관념을 깨게 된다. 그밖에 일기라는 특성상 인간 유희춘에 대한 매우 사적인 면을 살펴볼 수 있다. 그는 26살에 문과에 급제한 후 학문의 수준이 매우 높아 세자인 인종의 공부를 가르치는 사람이었다. 그러나 인종이 일찍 승하하고 명종이 즉위하면서 을사사화에 연루되어 20여 년 동안 유배생활을 했다. 선조가 즉위하자 55세가 되어서야 긴 유배생활에서 벗어나 복직되었다. 이후 고위직을 역임했으며 사후에는 호남 삼현(三賢)으로 추존된 대학자이다. 그렇지만 일상에 대한 고민과 갈등을 보면 지금의 우리와 크게 다를 바 없어 매우 인간적인 친근감을 불러일으킨다. 미암일기는 지금도 조선시대의 사회경제사, 제도사, 생활사를 공부하는 학자들에게는 매우 소중한 자료로 읽히고 있다. 미암박물관에 와서 5백여 년 전 조선시대에 살았던 미암의 친필 일기를 보면 그의 섬세한 기록에 존경과 감탄을 보내게 된다. 미암일기를 살펴보는 동안 "당신은 지금 일기를 쓰고 있나요? 당신의 경험이 의미 있는 기록으로 남을 거예요."라고 유희춘 선생님이 말해주는 것 같았다.

미암박물관 전라남도 담양군 대덕면 장동길 89-4

아는 만큼 보여요!

미암일기를 쓴 유희춘(柳希春)

유희춘(1513~1577)은 1513년 해남에서 태어났다. 본관은 선산(善山) 자는 인중(仁仲), 호는 미암(眉巖), 별호는 연계(漣溪)이다. 어릴 적부터 글 읽기를 좋아해서 영민함을 인정받았고 26살에 과거에 급제한 뒤 홍문관 수찬, 무장 현감 등을 지냈다. 하지만 문정황후의 부당함을 논하다가 35살(1547년)에 을사사화에 연루되어 제주도로 유배되었다. 제주도는 고향 해남과 가깝다고 하여 다시 함경도 종성으로 이배되어 귀양살이를 한다. 미암은 20년 동안 유배생활을 하면서도 쉬지 않고 학문에 몰두하여 읽지 않은 책이 없었고, 속몽구(續蒙求)와 육서부록(六書附錄)이란 두 권의 책을 편찬했다. 그 결과 1567년 선조 즉위와 함께 학문이 해박하다는 이유로 사면되어 정5품 홍문관 교리에 제수되어 경연관으로 임금한테 글을 가르치기도 했다. 이후 그는 대사성, 대사간, 대사헌 부제학, 전라감사 등 고위직을 역임하고 말년인 1577년에 정2품 자헌대부로 승진되는 등 선조 임금의 두터운 신임을 받았다. 사후에는 호남 삼현(三賢)으로 유림의 추촌을 받은 대학자로 담양 의암서원에 사액되어 배향되었다. 유희춘은 경사(經史)와 성리학에 조예가 깊어 많은 저술을 남겼으나 임진왜란을 거치면서 없어지고 사료가치가 높은 친필일기 미암일기초(眉巖日記草)만이 남아 현재까지 전해 온다.

승정원일기를 대신한 미암일기

조선시대에는 신왕(新王)이 즉위하면 제일 먼저 선왕대(先王代)의 실록을 편찬하는 작업이 매우 중요한 일이었다. 문학에 밝은 관료를 중심으로 실록청(實錄廳)을 구성한 후, 관료들의 첫 임무는 각종 자료에서 뽑은 기사를 일자에 따라 정리한 초록으로 일록(日錄)을 만드는 것이다. 일록의 자료는 승정원에서 매일 국사를 기록한 승정원일기(承政院日記)가 중심을 이루고 여기에 중앙 각 부서에서 보내온 등록(謄錄)과 지방 감사와 수령들이 보내온 장계(狀啓)가 기록에 보충된다. 그런데 조선 중기 선조의 실록 편찬은 임진왜란으로 기본 자료인 승정원일기를 비롯한 중앙 관서와 지방 관서의 모든 기록이 불에 타 없어져 선조실록 편찬이 매우 어려운 형편이었다. 이때 미암의 제자이면서 미암의 추천으로 내의원으로 나갔던 허준이 미암의 일기 14권을 실록청의 관료들에게 알리게 되어 미암일기가 승정원일기를 대신할 중요한 자료가 될 수 있었다. 미암 유희춘은 중요 관직에 오래 있었기 때문에 정계의 움직임을 자세하게 기록하였을 뿐 아니라 수령들에게 보고되는 지방의 동향도 풍부하여 선조실록 편찬에 크게 기여하였다.

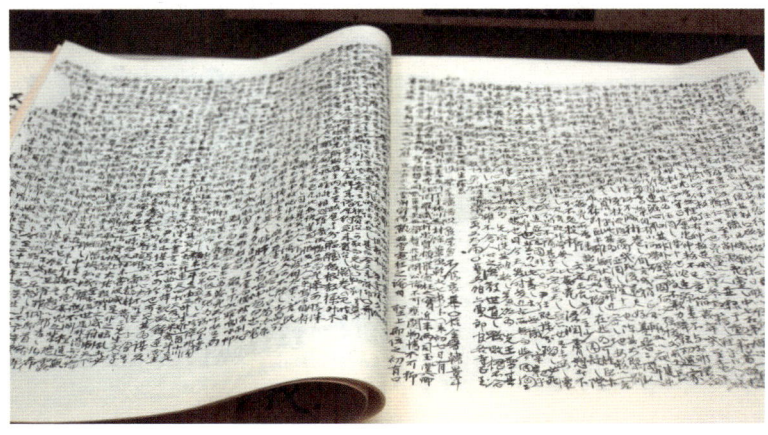

기록문화유산 미암일기

미암일기는 조선 중기의 학자이자 문신이었던 유희춘이 1567년 10월 1일부터 1577년 5월 13일 그가 죽기 전일까지 친필로 쓴 일기이다. 미암일기는 우리나라에서 유례가 드문 사료(史料)로서 인정받고 있으며 11년에 걸쳐 조정의 공사로부터 개인의 일에 이르기까지 날마다 겪고 들은 바를 상세히 기록하였다. 선조 초년의 정부 내의 대소 사건은 물론, 중앙과 지방에 있는 각 관아의 기능과 관리층의 내면적 생활상 및 일반 사회의 경제 상태·풍속·습관·문화·물산 등을 알 수 있어, 당시의 정치·경제·문화 등을 이해하는 자료로 중요한 가치가 있다. 원래는 14책이었으나 현재는 실본으로 11책이 남아 있다. 이 책은 조선시대의 개인 일기로는 가장 방대한 것으로 역사자료로서의 가치가 매우 커 보물 제260호로 지정되었다. 현재 전라남도 담양군 대덕면에 위치한 미암박물관에 소장되어 있다.

조선시대 여성문인 송덕봉

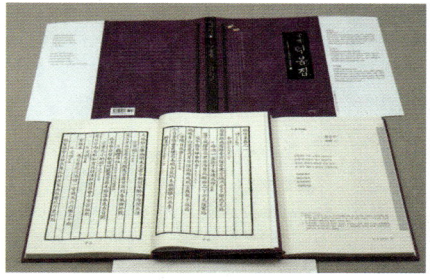

송덕봉(宋德峯, 1521~1578)은 담양에서 태어났다. 홍주 송씨로 이름은 종개(種介), 자는 성중(成仲), 호는 덕봉(德峯)이다. 이름보다는 덕봉이라는 호가 널리 알려졌는데 호는 그녀가 살았던 담양군 장신리에 있는 덕봉(德峯)에서 유래했다. 사헌부 감찰을 역임한 송준의 둘째 딸로 어린 시절 그녀의 집안은 학문과 시문에 힘쓰는 지방의 명문가였다. 자연스럽게 공부하는 분위기에서 자랐다. 16세인 1536년 해남 출신 미암 유희춘과 혼례를 올렸다. 미암이 기록한 글에 따르면 그녀는 타고난 성품이 영민하고 경전과 역사서를 섭렵하여 여사(女士)의 기풍이 있었다고 한다. 여사의 기풍이란 학덕이 있고 행실이 선비처럼 어진 여자를 지칭하는 말이다. 실제로 덕봉은 한문과 한글 편지를 격식에 맞게 잘 썼으며 시를 짓는 데 있어서도 뛰어난 재능을 발휘했다. 그녀가 남편인 미암과 주고받은 시를 살펴보면 '남편도 할 도리 다하시오'라고 당당하게 말하고 있다. 그녀가 27살 되는 해 남편의 귀양살이가 시작되어 해배(解配)되기까지 20여 년이 걸렸다. 긴 세월 동안 가정의 경제를 책임지는 가장의 역할도 잘 해냈다. 1571년 덕봉이 지은 시 38수를 책으로 묶은 덕봉집(德峯集)이 있었으나 불행하게도 원본이 전해지지 못했고 현재 우리가 볼 수 있는 송덕봉의 시는 미암일기(眉巖日記) 부록에 실려 있는 25수의 작품들이 전부이다. 송덕봉은 허난설헌, 신사임당 등과 더불어 조선을 대표하는 여성문인으로 평가받고 있다.

STORY 10
오늘은 뭘 먹을까?

코로나 이후 여행 트렌드는 체류형 관광으로 바뀌고 있다. 꼭 한 달 살기가 아니더라도 일주일 살기, 보름 살기, 길게는 일 년 살기로 여행의 기간이 길어질 추세이다. 체류형 관광을 생활형 관광이라고도 한다. 국내여행하면 당일치기나 1박2일이 대부분이기 때문에 명소중심형 여행이었다면 체류형 관광은 지역에 살고 있는 사람들 속으로 자연스레 스며드는 생활형 여행이다. 체류형 관광은 여행지에 도착하면 여유가 생겨서 걸음걸이부터 느긋해진다. 바쁠 일이 없다. 내일도 여행할 시간이 있기 때문이다. 비가 와도 오늘 여행은 망쳤다가 아니라 빗소리에 집중하게 되고 작고 소소함이 건네주는 즐거움이 체류형 관광의 큰 매력이다.

여행이 직업인 나는 일찍부터 영국에서 한 달, 타이완에서 일 년을 살았다. 보통 한 달은 기본이고 최소 2주 정도는 머무는 다소 긴 일정으로 해외여행을 했다. 다른 나라의 문화를 짧은 시간에 이해하고 글로 쓴다는 것은 설익은 과일 같기 때문이다. 한 달 살기 숙소를 정할 때 음식을 직접 만들어 먹을 주방이 있으면 좋다. 발리나 방콕같이 한 달 살기가 일상인 여행지에서는 어디나 가능한 일이다.

우리나라는 아직 체류형 관광이 일반화 되지 않아 방 한 칸에 머물며 비용을 최소화하는 경우에 주방 있는 숙소를 찾는 일은 쉽지 않다. 체류형 관광이 국내에서도 일반화 된다면 마을에 공유주방이 있으면 좋겠다. 그 지역 특산물로 만드는 쿠킹클래스도 공유주방에서 마련된다면 여행자는 요리를 배우면서 그 지역의 특산물을 알게 되고 한 끼 식사도 해결되고 함께 배우면서 친구도 만들고 지역행사 생생정보를 알 수 있어 일석오조(一石五鳥)가 된다.

담양에는 도시의 규모에 비해 크고 좋은 맛집이 많은 편이지만 하루 여행이 아니라 한 달을 여행하는 경우 세끼를 모두 사 먹기에는 시간적으로나 비용 면에서 어려움이 많다. 지방 여행일수록 아침 식사가 가능한 식당을 찾기 어렵다는 문제도 있다. 참고로 담양은 농협에서 운영하는 하나로마트에 가면 담양 농산물을 로컬푸드 코너에서 판매한다. 딸기, 멜론, 방울토마토, 블루베리 등 제철 과일과 싱싱한 야채를 살 수 있어 좋다.

김대석 접선장 댁에서 아침식사

담양에서 한 달 살기를 시작하는 첫날 죽녹원 박인수 훈장님은 전라남도 무형문화재 김대석 접선장으로부터 부채를 받아 글과 그림으로 응원부채를 만들어 주셨다. 김대석 접선장께 귀한 부채를 주셔서 감사하다고 인사를 드렸더니 만성리 집에 와서 아침밥을 같이 먹자는 연락이 왔다. 일초도 망설이지 않고 "감사합니다! 박인수 훈장님과 함께 가겠습니다." 씩씩하게 대답을 했다. 그날이 오늘 아침이다. 김대석 접선장이 사시는 곳은 담양읍 만성리 완동마을이다. 이 마을은 접선(쥘부채)를 1년에 50만 자루를 생산할 정도로 부채로 유명한 마을이었다. 부채에는 둥근 모양의 단선(團扇)과 접고 펼 수 있는 접선(摺扇)이 있다. 접선인 합죽선(合竹扇)은 대나무의 겉대와 겉대를 붙여서 만든 것으로 고려시대 담양에서 처음 생산되었다고 한다.

과거의 부채는 더운 날 사용되는 용도 이외에 늘 가지고 다니면서 얼굴을 가리는 용도로도 사용하였다. 단오절에 임금님이 신하에게 선물로 주기도 하고 친분 있는 사람들이 서로 주고받는 중요한 선물이었다. 고려시대부터 최고 수준의 정교함과 세련미를 갖춘 우리나라의 부채를 중국에서는 고려선이라 불렸는데 자국에서 만들 수 없어 매우 귀하게 여겼다고 한다. 그래서 중국, 일본과의 교류 시 중요한 국교품목이기도 했다. 부채의 수요가 너무 많아 조선시대에는 중앙에서 부채를 만드는 기능을 보유한 장인 선자장(扇子匠)을 담양에 파견했다. 담양은 장인들을 모아 편죽을 다듬어서 공조(工曹, 고려·조선시대 육조의 하나)에 올려보내는 역할을 책임지는 도화관(都會官)이었다.

담양의 부채 마을인 만성리에서 태어난 김대섭 접선장은 3대째 합죽선을 만들고 있다. 아버지로부터 전통방식 그대로 부채 만드는 기술을 전수받은 김대석은 원재료인 왕대 자르기에서부터 초지방(대나무를 부채 치수에 맞게 절단하는 방법), 정년방(부채살 몸통을 만드는 방법), 사복방(부채의 손잡이 부분을 구멍을 뚫어 고정시키는 방법), 환방(부채살 수에 맞게 종이를 접는 방법), 되배방(부채살과 종이를 풀로 바르고 부채를 완성하는 작업)에 이르기까지 처음부터 끝까지 혼자 작업하는 유일한 민합죽선 장인이다. 담양의 합죽선이 탄생된 탯자리인 만성리 완동마을 김대석 접선장 댁에서 아침밥을 먹게 된 것이다. 늘 먹는 아침상에 숟가락 하나 더 올리면 된다는 편한 초대였다. 오늘은 담양에서 돈으로는 절대 살 수 없는 가장 귀한 밥을 먹었다.

합죽선(쥘부채) 만드는 법

합죽선은 고려시대 담양에서
처음 생산 되었다고 한다.

합죽선 부채를 만들기 위해서는
다음과 같은 과정을 거친다.

왕대 자르기,
대나무를 부채 치수에 맞게
절단하는 초지방,
부채살의 몸통을 만드는 정년방!

부채의 손잡이 부분에 구멍을 뚫어 고정시키는 사복방, 부채살 수에 맞게 종이를 접는 환방.

그리고 부채살과 종이를 풀로 바르고 부채를 완성하는 작업인 되배방을 하면 완성!

김대섭 접선장은 모든 과정의 기능을 계승하고 있는 유일한 접선장이다.

담양에서는 무얼 먹을까?
담양 대표음식 BEST10

1. 떡갈비

떡갈비는 모양이 떡처럼 생겼다고 해서 붙여진 이름이다. 궁중에서 임금이 손으로 갈비를 들고 뜯을 수 없어 젓가락으로 쉽게 먹을 수 있도록 요리한 데서 시작되었다. 담양의 떡갈비가 다른 지역보다 맛이 유난히 좋은 이유는 갈비에 붙어 있는 살을 떼어낸 후 고기를 수십 차례 칼집을 넣어 다지고 양념을 한 후 동그랗게 만들어 다시 뼈에 얹어 석쇠에 굽는 정성 때문이다. 그래서 담양 떡갈비를 입안에 넣으면 살살 녹는 부드러운 식감과 풍부한 맛이 조화를 이룬다. 떡갈비의 본고장 담양에서 맛보는 그 맛은 감탄 그 자체이다.

2. 대통밥

대나무로 밥을 짓는 담양의 향토음식 대통밥은 죽통밥이라고도 한다. 대나무 통에 쌀과 대추, 은행, 밤을 넣고 한지로 그 입구를 덮은 뒤 압력솥에서 20~30분간 쪄낸다. 이때 사용하는 대나무는 3년 이상 자란 왕대의 대통을 잘라 쓴다. 밥은 대나무 향기가 은은하면서 씹히는 맛이 쫄깃하다. 대나무의 죽력과 죽황이 밥에 배어들어 인체의 화와 열을 식히는 역할을 하여 기력을 보강하는 데 도움을 준다. 보통 대통밥은 죽순나물, 죽순된장국, 죽순장아찌, 조기 그리고 제철 반찬들이 함께 나온다.

3. 죽순요리

죽순요리는 담양에서만 맛보는 건강한 별미이다. 담양에 봄이 찾아오면 대나무밭은 죽순밭이 된다. 봄기운을 물씬 머금은 죽순들을 삶아 나물로 먹거나 탕, 무침, 찌개로 요리해 식탁에 오른다. 죽순은 종류에 따라 맛과 효능이 다르다.

맹종죽 죽순은 양이 많고 부드러워 하나만 삶아도 풍성하다. 왕대 죽순은 다른 죽순보다 약간 쓴맛이 나지만 독특한 식감이 매력이다. 그중에서 분죽이라 불리는 솜대 죽순의 식감이 가장 으뜸이다. 또한 죽순에는 심리안정 효과도 있어 차로 마시기도 한다.

4. 숯불돼지갈비

담양의 숯불돼지갈비는 양념 돼지갈비를 석쇠에 올려 참숯불로 구워낸다. 특유의 양념에 하루를 재운 다음 숯불에 구울 때는 5~6가지가 넘는 갖은 양념을 계속 발라 고기 깊숙이 독특한 맛이 스며들게 한다. 담양의 숯불돼지갈비가 인기인 이유는 구울 때 초벌을 한 다음 재벌을 하고, 손님이 오면 다시금 세 번에 걸쳐 구워 내놓아 기름기를 쫙 뺀 담백하고 고소한 맛 때문이다. 고기를 굽는 불은 참숯을 사용해 고기맛과 함께 불 맛을 즐길 수 있다. 돼지갈비를 한 점씩 잘라 마늘, 고추, 새우젓과 함께 쌈을 싸 먹으면 그 맛이 일품이다.

5. 국수

관방제림을 따라 줄지어 있는 국수거리의 시작은 오래전 죽물시장이 성황을 이룰 때였다. 새벽에 대나무 바구니를 지고 오느라 아침 식사를 놓쳤던 죽세공의 주린 배를 따뜻하게 채워주었던 고마운 한 끼였다. 그

래서인지 300년이 넘은 나무 그늘 아래 앉아 관방천을 내려다보며 먹는 국수는 어머니의 손맛이 느껴진다. 담양 국수거리에서 꼭 맛보아야 하는 메뉴는 비빔국수, 멸치국수로 쫄깃쫄깃한 식감의 중면 면발이 특징이다. 약재를 넣고 삶은 따끈따끈한 달걀은 국수에 곁들여 먹는 별미이다.

6. 창평국밥

창평 장날에 모여든 사람들이 즐겨 먹은 음식이라 창평국밥이라는 고유명사로 부르게 되었다. 당시에는 먹을 것이 늘 부족해 맛이 좋으면서도 가격부담이 없는 국밥은 창평 장날에 가장 큰 인기였다. 서민들의 주린 배를 따뜻하게 채워주었던 고마운 창평국밥은 지금도 여전히 사랑을 듬뿍 받고 있다. 암뽕순대는 담양의 토속음식으로 암퇘지의 내장에 돼지 피, 콩나물, 당면, 마늘, 참기름을 넣어 만들었다. 이제는 장날이 아니더라도 언제든 맛있는 창평국밥을 맛볼 수 있는 국밥거리가 조성되어 있다.

7. 한우생고기

담양은 예로부터 전국 3대 우시장이 있었다. 그래서 담양에는 생고기라는 특별한 음식이 생겨났다. 생고기는 거의 마블링이 없으며 색이 검붉고 찰지다. 당일 잡은 고기를 사용하기 때문이며 육질이 살아있어 생고기를 한  접시 먹을 때까지 그릇에 피가 묻어나지 않는다. 담양에서는 한우의 개량과 체계적인 사양관리를 하고 있어 고기의 품질이 균일하고 아미노산, 올레인산, 불포화지방산이 다량 함유되어 있어 맛이 담백하고 고소하다. 생고기는 날 것 그대로 기름장이나 양념장에 찍어 먹으면 된다.

8. 메기찜 · 메기탕

담양은 용추봉과 추월산 아래로 흐르는 물이 담양호와 담양읍을 거쳐 증암천까지 흘러내려 간다. 그 물을 따라 메기를 포함하여 민물고기가 많이 살고 있다. 특별히 담양의 메기는 식감이 부드러워 입안에서 살살 녹는다. 양질의 단백질과 지방, 비타민B를 풍부하게 함유하고 있어 보양식으로도 인기이다. 메기는 진흙 바닥 속에 살기 때문에 흙냄새를 잡기 위해 댓잎을 비롯한 11가지의 약재로 잡내를 깔끔하게 없앴다. 풍부한 양념을 넣은 메기탕이 가장 인기 있지만 재료 본연의 맛을 살린 메기찜 또한 일품이다.

9. 한과와 쌀엿

담양 한과는 천연재료를 사용하여 담백하고 깔끔한 단맛이 특징이다. 담양쌀엿의 유래는 조선시대 양녕대군이 담양에 왔을 때 함께 따라 온 수라간의 궁녀들이 담양 지역에 전수한 궁중방식이라고 한다. 쌀엿은 따뜻한 곳에서 만들고 엿을 늘
일 때는 차가운 곳에서 사람 손으로 당겨가면서 작업한다. 옛 전통방식으로 만들어 담양 쌀엿은 입안에 달라붙지 않는다. 색동옷 곱게 차려입은 듯 보기만 해도 탐스러운 빛깔의 한과와 담백한 단맛의 쌀엿은 입안에서 사르르 녹아 누구나 반하게 되는 맛이다.

10. 한정식

담양 한정식의 가장 큰 특징은 산이 많고 들이 넓어 농산물과 산나물이 풍부한 덕에 반찬의 수가 많다는 것이다. 조기구이, 적반, 소고기구이, 홍어찜, 굴비, 민물고기, 죽순회, 육회, 돼지머리고기, 취나물, 고사리, 오이소박이, 참게장, 토하젓, 감장아찌 등 40여 가지가 넘는 반찬이 놓인 밥상은 상다리가 부러진다고 하는 말을 자연스레 떠오르게 한다. 담양의 한정식 음식점에서는 집에서 만든 장을 기본양념으로 사용하고 있어 양반집의 정갈한 옛 맛을 그대로 느낄 수 있다.

STORY 11
보이는, 보이지 않은 오해

몇 년 전에 담양 메타프로방스에 관한 뉴스를 서울에서 접했다. 휴양지로 유명한 프랑스의 도시 프로방스를 그대로 옮겨놓은 듯한 감성을 가진 담양의 관광명소라는 소개였다. 담양은 담양 그 자체로 한국적인 감성이 가득해 너무 좋은데 유럽의 어디를 연상하는 뭔가를 만들었다는 것에 마음이 불편했다. 그런데 어제 김대석 접선장 댁에서 아침식사를 한 후 죽로차를 마시면서 담양에 관한 이런저런 이야기를 나누는데 메타프로방스에 가 봤는지 물어보신다. 아직이라고 했더니 가보라고 권하셨다. 안 가본 곳이기도 하고 파스타나 수제 햄버거 등을 떠올리면서 모처럼 서양식 식사를 하면 좋겠다는 생각에 대한민국에서 가장 아름다운 가로수 길로 선정된 담양 메타세콰이아 길옆에 위치한 담양 메타프로방스로 향했다.

담양 메타프로방스

도착 전에는 실망이 클까봐 기대를 하지 말자고 나에게 다짐을 했다. 굳이 담양에 와서 유럽 스타일이라니? 그러나 도착해 들어가는 입구부터 설렘이 시작되었다. 메타프로방스가 자리한 곳은 앞으로는 메타세콰이아 길이 있고 뒤로는 나지막한 초록산이 유럽풍의 깔끔한 흰색 건물들을 품어주고 있었다. 메인 광장의 잘 생긴 조각상 분수 주변으로 카페, 식당, 상점들이 즐비했다. 모처럼 예쁜 소품과 옷 구경에 신이 났다. 특히 미로 같은 좁은 골목길을 오르고 내리며 유럽의 그 어떤 도시보다 멋지다는 느낌을 받았다. 이곳의 식당들은 서양식 이외에 담양의 별미들을 파는 음식점들도 입점해 있었다. 챙이 넓은 시원한 모자와 프랑스 바닷가에서나 입을 수 있을 것 같은 꽃무늬 원피스를 샀다. 원래는 밥을 먹으러 왔다는 계획이 이제야 생각나서 적당한 식당을 골라 까르보나라 파스타를 주문했다. 기다리면서 주위를 둘러보니 맞은편에 사랑의 열쇠 포토존이 보였다. 사랑의 열쇠 포토존 양옆으로 얼마나 많은 사람들이 사랑을 맹세하고 다짐했는지 수많은 자물쇠들이 빽빽하게 걸려 있었다. 식사를 하는 동안 가족들과 여행 온 사람들이 줄지어 사랑의 열쇠 포토존에서 사진을 찍는 모습을 보았다. 아이들은 사진 찍을 때 부모 마음처럼 되질 않는다. 제각각이라 엉망이지만 그런 모습이 자연스럽고 재미있다. 내 바로 옆 테이블에서는 담양 메타 프로방스의 모델을 해도 될 것 같은 옷차림의 커플이 음식이 나오자마자 예쁘게 세팅을 하고 음식 사진을 찍고 있었다. 슬쩍 살펴보니 음식이 다양하고 둘이 먹기엔 다소 과하다 싶을 정도로 많이 주문했다.

내가 도저히 먹을 수 없을 것 같아 포기한 냄비빙수도 있었다. 용기를 내서 "정말 음식을 예쁘게 세팅 하셨네요. 저도 사진 한 장 찍어도 될까요?" 그림같이 고운 커플은 선뜻 허락해준다. 먹고 싶었던 메뉴를 사진으로 대신했다.

담양 메타프로방스 전라남도 담양군 담양읍 깊은실길 2-17

백 번 듣는 것이 한 번 보는 것보다 못하다

여행을 가기 전에 그 장소에 대해 알지도 못하면서 우린 환상과 착각을 선입견으로 채색한다. 여행을 가서 그곳에 발이 닿으면 남의 눈이 아닌 내 눈으로 현실에 눈이 떠진다. 환상과 현실의 차이를 알게 되고 현실을 있는 그대로 보게 된다. 잘 알지도 못하면서 이런저런 말을 하거나 편견을 갖는 것은 옳지 못하다는 것을 담양 메타 프로방스에 와서 다시 한번 깨달았다. 보이지 않은 오해는 편견이고 오해가 있다는 것을 보려면 그곳에 가봐야 확실하게 알게 된다.

여행은 이런 경험들을 통해 현실을 정확하게 볼 수 있는 힘을 길러준다. 백 번 듣는 것이 한 번 보는 것보다 못하다는 백문이 불여일견(百聞不如一見)이 맞는 말이다. 슬로시티 창평의 삼지내 마을, 가사문학, 누각과 정자 등 과거의 한국 정서를 잘 가지고 있는 담양에서 이국적인 메타프로방스는 너무 다른 문화이기에 서로를 더 선명하게 즐길 수 있는 이유가 된다. 죽녹원, 관방제림, 메타세쿼이아 가로수 길에서 메타프로방스로 이어지는 동선은 담양에 찾아오는 연간 약 500만 명의 여행자들에는 반가운 일이었다.

담양특산물 마켓

메타프로방스를 다니다 보니 유난히 가족 여행자들이 많았다. 풀빌라 펜션들이 있고 입장료와 주차장이 무료라는 장점과 *담양곤충박물관이 한몫을 하고 있는 것 같다. 나에게 흥미를 끈 곳은 교황 빵을 판매하는 베이커리와 담양에서만 살 수 있는 담양특산물 마켓이었다. 해외여행을 가면 한국에 있는 가족과 친구들에게 줄 선물을 사기 위해 선물상점을 들르는 것처럼 담양에서 무엇을 사다 주면 좋을까 즐거운 고민을 하며 하나하나 꼼꼼하게 살폈다.

*담양곤충박물관: 살아있는 곤충들과 파충류, 앵무새 등 다양한 볼거리, 체험거리로 생태학습과 더불어 아이들의 호기심을 자극하는 흥미롭고 즐거운 곤충박물관이다. 어린이 프로방스에 위치하고 있다.

이곳에서는 담양 관련 상품들이 천 가지도 넘는 것 같았다. 무엇에 쓰는 물건일까? 생애 처음 보는 물건들도 많았다. 나만 그런 생각을 하는 게 아니었다. 들어오는 손님마다 이것저것 궁금한 게 많아 "이건 뭘까요?" "저건 뭐죠?" 질문이 쏟아졌다. 담양특산물 마켓 사장님은 싫은 내색 없이 일일이 신나게 설명을 해 주신다. 신기한 것이 많아 구경만으로도 즐거움이 컸다.

담양에서 재배한 감, 현미, 매실 등은 물론이고 담양에서 만든 대나무 술, 맥주, 막걸리도 있고 담양에 귀촌·귀농한 분들이 직접 개발한 아이디어 상품들도 있었다. 자연스레 친구들에게 줄 선물을 한 보따리 사고 말았다. 사장님은 내가 구입한 꽃차를 보더니 담양 월산면의 꽃차에 대해 설명해 주신다. 듣고 보니 직접 꽃차마을에 가보고 싶어졌다. "월산면에서 꽃차 만드는 분을 제가 만나보고 싶은데 가능할까요?" 묻자마자 사장님은 내가 있는 자리에서 월산면에서 꽃차를 만드는 머루랑 다래랑에 전화를 해서 바로 소개를 시켜 주신다. 나는 얼핏 보았던 사장님의 얼굴을 자세히 다시 보게 되었다. 추진력이 짱이다.

담양특산물 마켓 전라남도 담양군 담양읍 메타프로방스 1길 27(107동 104호)

STORY 12
참 좋은 그대

AI가 우리 생활에 가까이 왔다. 언제부터인가 식사를 하러 가면 직원 대신 키오스크를 사용하는 곳들이 늘어나고 있다. 시간이 갈수록 AI가 인간의 많은 부분을 대신해 줄 시대가 오고 있음을 체감하고 있다. 미래학자들은 AI가 인간보다 월등하게 잘 할 수 있는 직업들을 설명하는데 편리함이 가져올 밝은 미래보다 인간이 점점 작아지는 느낌을 지울 수 없다. 그럼 인간은 무엇을 하면 좋을까? 우리는 지금 AI 시대에 어떻게 살아야 하는지 삶의 전략에 대해 고민해 보아야 한다. 나의 결론은 인간은 더 인간다워져야 한다는 것이다.

AI가 엄청난 데이터를 가지고 낸 아이디어보다 사람이 아니면 알 수 없는 세계의 창의력이 더 뛰어남을 증명할 수 있어야 한다. 어떻게? 가능한 일인가? 부정적인 질문을 할 수도 있지만 나는 매우 긍정적으로 전망한다.

담양 메타세쿼이아 길

사람이 보다 사람다워지는 방법은 뭘까? 마음훈련에 비밀이 있다. 마음의 응시점을 찾아 한 곳에 집중하면 몰입도에서 창의력이 나온다. 걷기를 통해 건강을 챙기고 마음훈련도 가능하다. 나는 내 생각과 마음의 주인일까? 자신에게 묻고 또 묻는 시간이 필요하다. 무엇이 나를 행복하게 만들어 줄까? 과거보다 오늘날 훨씬 풍요로운 사회에 살고 있는데 행복도 그만큼 더 커졌을까? 돈과 권력은 수단이지 삶의 목적이 될 수 없다. 자주 산책하며 일상의 가치를 깨닫는 마음훈련이 필요하다. 그렇다면 어느 길을 걸으면 자기 마음의 주인으로 나를 찾는 과정에 도움이 될까? 담양에는 걷기 좋은 숲길이 많다. 그중에 전국에서 가장 아름다운 길로 손꼽히는 담양 메타세쿼이아 길을 걸어보자. 길은 원래 목적지를 향해 가는 과정에 불과하다. 세상에는 참으로 많은 길이 있다. 산을 넘으려면 오르막길과 내리막길이 있고 기차가 다니는 철길, 바다에는 뱃길, 비행기가 다니는 하늘길이 있으며 인터넷을 이용한 무한공간 소통의 길이 있다. 눈에 보이는 길 말고 나의 길을 찾으려는 인생길도 있고 그 사람의 마음으로 가는 길도 있다. 담양 메타세쿼이아 길을 걷다가 다른 사람들이 어떤 이유를 가지고 오는 걸까 궁금해졌다.

사람들의 마음을 읽고 싶어 벤치에 앉았다. 그림 같은 산책길을 걷는 사람들을 보고 있자니 마치 한 편의 영화를 보고 있는 듯 나무들이 아름다운 인생 장면을 찍으라고 배경을 만들어 준다. 실제로 드라마 〈가면〉, 영화 〈화려한 휴가〉, 〈역린〉, 예능프로그램 〈1박2일〉, CF 등 수 많은 프로그램에 촬영지로 나오면서 전국에서 꼭 가보고 싶은 길이 되었다.

일찍이 동양사상에서는 인생을 여행길에 비유했다. 같은 길을 걷고 있지만 그 길을 걷고 있는 인생이 느끼는 감정들은 제각각이다. 연인이라면 함께 할 핑크빛 꿈을 꾸는 길이고 가족이라면 언제 꺼내 봐도 좋은 추억을 수놓는 길이고 좌절을 겪고 있는 인생이라면 새로운 활력을 얻는 길이 된다. 담양 메타세쿼이아 길은 차가 다니지 않는 흙길로 만들어 맨발로 걸어도 좋을 만큼 포근한 길이 이어지는 참좋은 그대 같은 길이다.

가파른 급경사로가 없어 숨 가쁠 필요가 없는 편안한 길이기도 하다. 걷는 데만 급급해 좋은 풍경을 놓치는 일도 없고 걷는 여행이 죽도록 싫다는 사람도 입안에 웃음을 담고 걷는 행복한 길이다. 길은 자신의 보폭에 맞춰 천천히 걸으면 신기하게도 큰 것보다는 평범한 일상에 감사하게 된다. 삶을 천천히 돌아보면서 마음훈련하기 딱 좋은 곳이 담양 메타세쿼이아 길이다.

담양 메타세쿼이아 길 전라남도 담양군 담양읍 메타세쿼이아로 12

장승테마공원&호남기후변화체험관

담양 메타세쿼이아 가로수 길을 걷다 보면 왼편으로 특이한 원목장승들을 만난다. 이곳 장승테마공원에 설치된 나무들은 지난 2003년 담양읍~월산면 구간 국도 15호선 확포장 공사로 인해 벌목된 가로수를 담양 가로수사랑군민연대의 노력으로 재활용해서 만들었다. 총 526그루의 벌목 가로수 중 일부인 100그루를 공사 시행청의 협조를 얻어 1년여 동안 송학박물관에서 목각 작업을 했다. 영의정, 좌의정, 우의정 등 조선시대 관직을 비롯하여 천하대장군, 지하여장군 등 200여 개의 다양한 형태의 장승으로 환생시켰다. 송학박물관에서 10년 동안 보관해 오다가 제1회 메타세쿼이아 가로수 축제를 준비하면서 담양의 메타세쿼이아 가로수를 지켜낸 상징적 기념물로 장승공원을 마련하고 설치하게 되었다.

장승테마공원을 지나면 대나무 바구니 모양의 건축물 호남기후변화체험관이 있다. 최근 몇 년 전부터 여름이면 많은 비와 무더위를 느끼고 겨울에는 폭설과 강추위가 계속되는 등 지구 곳곳에 여러 가지 이상기후 현상을 보이고 있다. 이에 담양군에서는 지구 온난화 현상과 각종 환경 문제들을 쉽게 이해하고 대처할 수 있도록 기후변화체험관을 개관했다. 호남기후변화체험관의 주요시설로는 1층에 보호수, 신재생에너지, 인포메이션, 체험교육실, 북카페가 있고 2층에는 3D 영상관, 전망대, 담양 체험존이 있다. 그리고 외부시설로 규화목, 기후변화 지표식물 생태원, 수생태공간, 체험활동공간이 있다. 호남기후변화체험관은 지구온난화와 같은 기후변화 현상에 대하여 전시, 체험, 교육을 통해 문제의 심각성 인식하고 녹색생활의 실천을 유도하고자 노력하는 착한 체험관이다.

담양 메타세쿼이아 길 전라남도 담양군 담양읍 메타세쿼이아로

담양 메타세쿼이아 길 안에는
이런 곳도 있어요.

김정호 노래비

가수 김정호는 담양 국악인 집안의 후손이다. 20세기 최고의 서편제 판소리 명창 박동실이 그의 외할아버지이다. 김정호의 어머니 역시 소리꾼으로 활동했으며 외삼촌 박종신은 아쟁산조를 체계화한 명인이다. 김정호는 이런 가계의 전통을 대중음악을 통해 구현했다. 창작곡이 드물던 시절 독특한 감성의 노래들을 작곡해서 불렀던 창조적인 음악활동은 유전적인 자질이라고 할 수 있다.

배우 현빈 주연의 영화 〈역린〉 촬영지

2014년 4월에 개봉한 영화 '역린'은 사도세자의 아들 정조 역을 했던 배우 현빈으로 인해 관심을 한껏 받았던 영화이다. 끊임없는 암살 위협에 시달리며 밤에도 잠을 이루지 못하는 정조(현빈)의 공간으로 나왔던 존현각은 영화 촬영을 위해 담양 메타세쿼이아 가로수 길 주변에 지어진 세트장이다. 영화 '역린' 속 그 장소를 놓치지 말자.

개구리생태공원

호남기후변화체험관 옆에 있는 개구리생태공원 건물은 커다란 개구리 조형물이 건물 위로 올라가려고 애쓰는 모습이 재미있다. 안으로 들어가면 동선을 따라 생생한 자연을 그대로 담은 생태관과 어린이부터 성인까지 모두가 즐겁게
체험할 수 있는 전시관, 연중 개구리 서식이 가능한 야외생태 공간까지 다양한 구성으로 자연생태를 관찰할 수 있는 학습공간이다.

담양 메타세쿼이아 길 딸기농장

담양은 달콤한 딸기 생산지로 유명하다. 담양을 유명하게 만든 메타세쿼이아 가로수길을 걷다 보면 한쪽에 펼쳐진 비닐하우스 농장을 보게 되는데 대부분 딸기를 재배하는 곳이다. 방문한 계절이 딸기철이라면 그냥 지나치지 말고 잠시 들려보자. 세상에서 가장 맛있는 딸기를 맛보게 되어 담양여행이야말로 미각이 즐거운 여행이라는 것을 실감하게 된다.

아는 만큼 보여요!

구사일생으로 살아남은 담양 메타세쿼이아 길

오늘날 환상적인 나무 터널 아래 그림 같은 산책이 가능했던 것은 담양 사람들의 탁월한 선택 덕분이다. 2000년도에 이 지역의 교통량이 늘어나자 담양읍 구간인 24번 국도 및 29번 국도의 메타세쿼이아를 베어내고 4차선으로 확장하는 공사를 시행하려고 했다. 이 소식이 전해지자 마을 주민들은 메타세쿼이아를 없애고 만드는 도로확장건설 사업을 결사반대했고 환경단체들까지 참여해 '메타세쿼이아 나무가 만드는 경관은 생태보존가치가 있고 담양의 상징이기에 지켜야 한다'고 한목소리를 냈다. 주민들의 메타세쿼이아에 대한 사랑은 결실을 보아 고속도로 노선이 메타세쿼이아가 심어진 길을 비켜나게 되었다. 구사일생으로 살아남은 메타세쿼이아 길은 아름다운 길로 입소문이 나면서 널리 알려졌다. 2002년에는 산림청과 생명의 숲 가꾸기 국민운동본부가 '가장 아름다운 거리 숲'으로 선정했다. 2008년에는 건설교통부에서 선정한 '한국의 아름다운 길 100選'에서 최우수상을 받아 전국에서 가장 아름다운 길이 되었다. 2015년에는 '전남 산림문화자산 1호'로 지정되어 담양은 물론 전라남도가 소중히 지켜야 할 자산이 되었다.

메타세쿼이아 나무이야기

메타세쿼이아 나무는 '영웅'이라는 뜻을 가진 미국 체로키 인디언 지도자의 이름 '세쿼이아'에서 유래한다. 체로키 인디언 부족은 체로키 문자를 창시한 자신들의 지도자 세쿼이아를 영원히 기억하고 추앙하기 위해 태평양 연안에서 자생하는 수명 3천 년 가량의 세상에서 가장 오래되고 큰 나무에 '세쿼이아'라는 이름을 명명했다.

또한 체로키 인디언 부족들은 이 세쿼이아 나무가 잡귀를 없애주고 자신들을 보호해줄 뿐만 아니라 소원을 이루게 해 준다고 여겨 이 나뭇가지로 장신구를 만들어 몸에 소지하고 다녔다.

메타세쿼이아(Metasequoia)

메타세쿼이아는 미국에서 자생하는 세쿼이아 나무 이후에 등장한 나무라는 뜻이다. 은행나무와 함께 화석나무로 유명하며 학계에서는 멸종된 나무로 보고되었다. 그러나 세계 2차대전이 한창이던 1941년 중국 후베이성(湖北城)과 쓰촨성(四川城)의 경계지역을 흐르는 양지강 상류의 한 지류인 마타오치(磨刀溪) 강에서 왕전이라는 산림공무원이 사당 부근에 자라는 거대한 나무를 발견했다. 그는 처음 보는 이 신기한 나무의 표본을 베이징대학 부설 생물학 연구소에 보냈는데 이 나무가 바로 화석에서만 발견되었던 메타세쿼이아라는 사실을 알게 되었다. 정밀조사 결과 약 4천 그루가 마타오치 강 연안에 자라고 있어 1946년 중국지질학회지에 살아있는 메타세쿼이아로 세상에 확정 보고 되었다. 이 나무가 금세기에 살아있다는 것이 알려지자 세계의 식물학자들은 커다란 기쁨과 충격을 받았다. 이후 메타세쿼이아에 대한 본격적인 연구와 번식은 미국의 아놀드 식물원에 의해 시작되었으며 우리나라의 메타세쿼이아는 1956년에 현신규 박사에 의해 미국에서 들여와 주로 가로수와 조경수로 식재되었다.

STORY 13
신선들의 놀이터

나는 시작이라는 단어를 좋아한다. 설렘과도 같은 의미이기 때문이다. 대학 신입생 시절 수업을 마치면 한동안 신촌에 있는 카페 시작으로 갔다. 이곳에는 나와 같은 새내기 대학생들이 해가 질 무렵이면 모여들었다. 허름한 가게에는 기타가 있었는데 특별히 연주자를 초청하지 않아도 자연스레 손님들이 돌아가며 기타를 치며 노래를 불렀다. 다른 손님들은 관객이 되어 리듬에 맞춰 테이블을 두드리거나 화음을 넣어 훌륭한 라이브를 완성했다. 연습된 것이 아닌 즉흥연주가 매일 이어졌고 그곳에서 처음 만났던 사람들과 지금은 하나도 기억이 나지 않지만 시간 가는 줄 모르고 이야기를 나누었다. 그곳의 이름은 시작이었다. 영산강의 시작인 가마골 용소에 닿으니 잊고 있었던 시작에서의 추억이 떠올랐다.

가마골생태공원

가마골생태공원은 해발 523m의 용추산을 중심으로 사방 4km 안의 용면 용연리 지역을 말한다. 영산강의 시원인 용소(龍沼)가 있고 제1폭포, 제2폭포와 깊은 계곡이 있으며 다른 숲과는 사뭇 다른 원시림의 운치가 있어 산을 사랑하는 사람들이 즐겨 찾는 명소이다. 가마골의 지명은 이곳 계곡을 따라 그릇을 굽는 가마터가 많다고 해서 가마곡이라 부르다가 세월이 흐르면서 가마골로 불렀다고 한다. 1998년 임도공사를 하다가 용추사 주변에서 옛 도공의 애환이 서린 가마터를 발견해 지명의 유래가 사실임이 밝혀지게 되었다.

가마골생태공원에 도착해 매표소에서 입장료를 내고 물길을 따라 걷다 보면 제일 먼저 반겨주는 것은 나무로 조각해 만든 용이다. 잠시 가던 길을 멈추고 용이 승천하는 모습을 살펴보면 보는 위치에 따라 용의 표정이 다른 느낌을 준다. 웃고 있는 것 같기도 하고 슬퍼하는 듯 보이기도 한다. 용을 만났다면 이제 용소가 가까이에 있다는 것을 의미한다. 숲길을 따라 조금만 더 걸어 올라가면 신선들의 놀이터 용소를 만난다. 4단 폭포가 바위와 부딪치면서 흘러내리는 물의 모습은 마치 용이 승천하기 위해 꿈틀거리는 형상처럼 보인다. 울창한 숲이 원시림을 연상케 하는 풍경에서 만나는 폭포는 더욱 신비함을 준다. 그래서 가마골은 도시의 번잡함을 피해 한적함을 즐기려는 여행자들이 애정하는 장소이다.

가마골 등산로는 3가지 코스가 있는데 가마골 최고봉인 치재산(591m)에 오르면 추월산 너머로 담양읍까지 조망할 수 있다.

상황과 형편에 따라 선택하면 된다. 누구나 쉽게 반나절이면 돌아 볼 수 있는 제2코스(용소~시원정~출렁다리~사령관터 동굴~용소~관리사무소 주차장)를 추천한다. 코스의 시작은 황룡이 살았다는 용소이다. 전라남도의 젖줄이라 불리는 영상강은 바로 이곳에 있는 용소에서 시작한다.

황룡의 전설 용소

용은 상상의 동물이지만 실제로 존재하는 어떤 동물보다 최고의 대접을 받는 귀한 존재였다. 조선시대에 용은 미르라고 표기하고 있는데 미르는 물과 어원이 같다. 용을 물의 신이라 여겼기 때문이다. 담양을 다니다 보면 유독 용이 들어간 지명이 많다. 담양(潭陽)이라는 지명에서 못 담(潭)자를 사용하고 있으니 물이 있는 곳에 용에 관련된 지명은 자연스러운 일이다.

용소에서 시작된 영상강은 136km를 흐르며 호남평야를 비옥하게 만들어 호남 사람들을 키워냈다. 기암괴석을 타고 폭포 아래 웅덩이를 이룬 용소의 모습은 〈선녀와 나무꾼〉 동화 속 이야기 장면을 떠오르게 한다. 밤이면 선녀가 목욕하러 하늘에서 내려오고 바위 뒤에서 숨어 선녀를 보는 나무꾼을 상상하게 되는 그런 곳이었다.

여러 가지 생각 속으로 빠져들게 하는 신비한 용소에는 용에 관한 전설이 있다. 옛날 옛날에 담양 고을로 부사가 새로 부임을 해서 왔는데 가마골 풍경이 너무 아름다워 이곳 경치를 즐기고자 관속들에게 다음 날 행차를 준비하라고 예고령을 내리고 잠을 잤다.

꿈에 백발선인이 나타나 내일은 자신이 승천하는 날이니 가마골에 오지 말라고 부탁하고 사라졌다. 그러나 부사는 이 말을 무시하고 이튿날 가마골로 행차를 했는데 도착해 보니 갑자기 못의 물이 소용돌이치더니 황룡이 하늘로 솟아올랐다. 그러나 그 황룡은 하늘까지 다 오르지 못하고 떨어져 피를 토하고 죽었다. 이를 본 부사는 기절했고 회생하지 못한 채 죽었다. 그 뒤 사람들은 용이 솟은 이 못을 용소라고 하고 용이 피를 토하고 죽은 계곡을 피잿골이라고 불렀다.

계곡을 따라 흘러내려온 물이 바위로 된 물길을 통과하는 동안 암반을 깎아 내어 마치 용이 꿈틀거리며 지나간 자국을 남겼다. 물길은 어느 부분에서는 강한 암반에 걸려 뚫지 못하자 공중으로 솟구쳐 올라 암반 밑에 쏟아져 내리며 시퍼런 용소를 이루었다. 이러한 모습은 용에 관한 전설을 만들어 전해오고 있다.

동국여지승람 담양도호부편을 살펴보면 이곳이 용과 매우 밀접한 지역이었음을 확인하는 기록이 있다. "추월산 동쪽에 두 개의 석담이 있다. 아래에 큰 바위가 있고 바위 구멍으로부터 물이 흘러나와 공중에 뿌리고 이 물이 쏟아져 큰못을 이루었다. 전하는 이야기에 바위구멍은 용이 뚫은 것이라 하는데 마치 용이 지나간 자취처럼 암면이 꾸불꾸불 패여 있다. 옛적에 전라도 안겸사가 이곳을 찾아와 용의 모습을 보고자 청하자 용이 머리를 내밀었다. 안겸사와 그를 따라 왔던 기관이 용의 눈빛에 놀라 죽어 용소 아래에 안겸사와 기관이 묻힌 무덤이 있다."

소설 남부군과 북한군 사령관터

용소에서 신비로움을 만끽하고 발길을 돌리면 다음 여정인 기암절벽 위에 서 있는 시원정으로 이어진다. 그 옆으로는 아슬아슬한 스릴의 출렁다리가 있다. 용소를 위에서 내려다보는 위치에 있어 출렁다리를 구름다리라고도 한다. 가까이에서 느끼는 용소와 위에서 내려다보는 용소는 같은 장소 다른 느낌이다. 다리를 건너면 소설 남부군의 현장 사령관터가 나온다. 1950년 이전의 가마골은 숲이 너무 우거져 사람이 들어갈 수 없어 신선이 사는 곳이라고 했다. 또한 낮은 산이지만 산세가 험하고 좁은 협곡으로 이루어져 이곳에 사람이 숨어 들어가면 찾을 수 없어 이런 지리적 여건은 한국전쟁의 아픈 흔적 사령관터를 남겼다. 한국전쟁 당시 피난민 3천여 명과 북한군 유격대 노령병단 소속 빨치산 1천여 명의 패잔병들이 가마골 숲에 숨어들어와 노령지구 사령부를 세우고 한국군과 끈질긴 저항을 펼치다가 1955년 3월 완전히 섬멸되었다. 대격전을 치르는 5년 동안 숲은 베어지고 불탔으며 북한군은 물론 남한 군인들도 수많은 목숨을 잃게 되어 당시 가마골은 피의 계곡으로 불리었다. 용소의 피잿골 전설이 예견을 한 듯 죽고 죽이는 민족상쟁의 비극은 깊은 상처를 남겼다. 말없이 지켜만 보아야 했던 가마골은 그때의 상흔 때문인지 낮은 산이지만 깊은 산을 걷는 듯하다. 지금은 관광지인 가마골 생태공원으로 개발되어 소설 남부군에서 서술하고 있는 빨치산 활동의 흔적은 찾아보기 어렵다. 그러나 가끔 무기 제조에 쓰인 야철, 화덕, 탄피 등이 발견되고 있으며 북한군 사령관터는 등산로를 따라가면 쉽게 찾을 수 있다.

가마골생태공원 전라남도 담양군 용면 용소길 261

 가마골 용소 황룡 이야기

옛날옛날
담양에 부임한 부사가
가마골 용소 풍경이
아름답다는 소리를 듣고
연회를 열기로 했다.

연회를 열기 전날,
부사의 꿈에
신선이 나타났다.

부사는 꿈을 무시하고
예정대로 용소에서
연회를 열었다.

승천하려던 용은 연회의
풍악소리가 시작되는 순간,
하늘에 오르지 못하고
떨어져 죽고 말았다.

그 광경을 본 부사도
놀라서 죽었다는 이야기가
전해져 내려온다.

STORY 14
왕이 되는 꿈

담양에는 자연적으로 만들어진 피라미드가 있다. 이집트의 피라미드는 세계 7대 불가사의 중 하나로 세상 사람들의 궁금증이 가득한 곳이다. 이집트의 수도 카이로 남서쪽에 있는 기자의 네크로폴리스 유적지는 죽은 자의 도시라는 뜻으로 사막 한가운데 있는 피라미드의 웅장한 모습을 직접 보면 인간이 만들었다고 믿기 어렵다. 왜 사막에 건설했을까? 거대한 크기의 석회암을 어떤 방법으로 가져왔을까? 엄청난 높이까지 무거운 돌을 어떻게 쌓아 올렸을까? 피라미드 중에서 이집트 고왕국 제4 왕조 2대 파라오인 쿠푸 왕의 피라미드 규모가 가장 크다. 이 거대한 피라미드는 이전 권력자들이 잠든 무덤과는 비교할 수 없을 정도로 커다란 건축물로 손꼽힌다.

담양에는 자연적으로 만들어진 피라미드가 있다

갖가지 의문점을 남기며 사람들의 상상력을 자극하는 쿠푸 왕의 피라미드보다 높이가 무려 4배나 큰 피라미드가 우리나라에 전라남도 담양에 있다. 어디에 있냐? 진짜 있냐? 라고 묻는 사람들에게 전라남도 담양군 수북면 삼인산을 소개한다. 삼인산은 만드는 과정에서 죽거나 부상을 당한 사람들은 하나도 없다. 왜냐하면 산이 스스로 거대 피라미드 모양으로 만들어졌기 때문이다. 담양읍 쪽에서 해가 질 무렵에 삼인산을 바라보면 자연스럽게 만들어진 신기한 피라미드를 뚜렷하게 볼 수 있다. 이곳 사람들은 예로부터 피라미드를 이룬 삼인산을 정성스레 섬겨왔으며 지금도 이곳에서 큰 인물이 나올 거라고 믿고 있다. 삼인산 정상으로 가려면 피라미드를 오르는 것과 같이 가파른 경사를 따라 올라가야 한다.

삼인산

삼인산(三人山)은 전라남도 담양군 대전면 행성리와 수북면 오정리 경계에 있는 산으로 높이 564m이다. 산 북쪽에는 삼인동(三人洞) 마을이 있다. 산의 형태가 사람 인(人)자 3자를 겹쳐 놓은 형상이라 삼인산이라는 이름으로 불린다. 그 모습은 마치 고대 이집트의 거대한 피라미드를 연상케 한다. 담양 읍내에서 삼인산을 바라보면 가장 뚜렷하게 모양을 확인할 수 있다. 삼인산은 몽선암(夢仙庵)으로도 부르는데 그 이유는 지금부터 1천2백여 년 전 몽고(蒙古)가 고려를 침입했을 때 담양의 부녀자들이 이들의 행패를 피해 이 산으로 피신했다가

몽고군들에게 붙잡히게 되었다. 그러자 절벽 아래로 떨어져 죽음으로 항쟁했다는 데 연유한다.

그 후 조선 태조 이성계가 등국(登國, 임금의 자리에 오름)을 위해 전국의 명산을 찾아 기도하던 중, 무등산까지 왔다가 그 무등산에서도 답을 흔쾌히 얻지 못하고 기도 중 잠이 들었다. 그때 꿈에 현인이 나타나 삼인산을 찾아가 기도를 올리면 개국의 꿈을 이룰 수 있다고 일러주자 이곳을 찾아 제를 올리고 기도한 후 왕이 되었다 하여 몽성산(夢聖山)이라 불렀다. 이성계가 왕이 되고 싶다는 기도를 들어준 곳이 바로 삼인산인 것이다. 세월이 흘러 아들을 낳고자 하는 여인들의 기도처가 되면서 몽선산(夢仙山)으로도 불려왔다.

삼인산에서 바라본 병풍산은 여섯 폭의 바위 병풍을 펼쳐놓은 듯하다. 그 모습이 신비롭기만 한데 풍수지리설에 의하면 병풍산은 하늘(乾), 삼인산은 땅(坤)으로 즉 음양이 상합하고 있다고 한다. 따라서 삼인동 마을 일대는 만물시생지지(萬物始生之地)로 호남 제일 명당이라고 한다. 삼인산은 만남재, 신선대(투구봉), 병풍산(屛風山, 822m)과 산길로 이어져 있으며 산 위에 서면 대방저수지가 한눈에 들어온다. 산기슭에는 조선시대에 많은 유생들을 배출한 학당인 수북학구당(水北學求堂, 전라남도문화재자료 제13호)이 자리 잡고 있다.

삼인산 등산로(총소요시간 2시간)

삼인산을 포함한 주변 산행코스

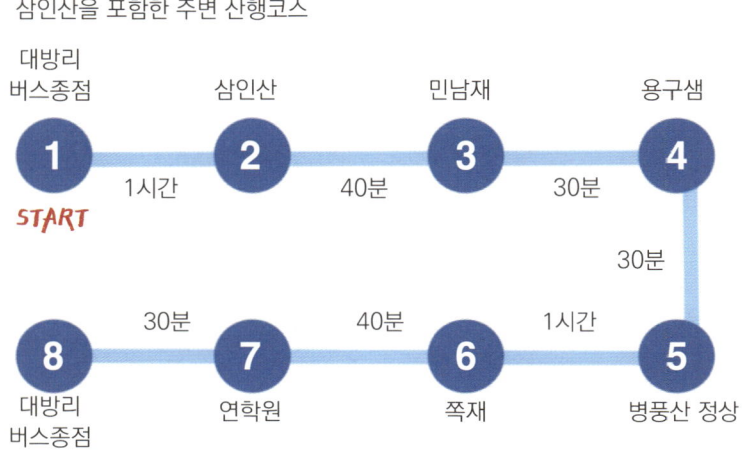

STORY 15
선비의 길을 따라 걷다

소쇄원 광풍각 마루에 앉아 흐르는 물소리를 들으며 이곳에 몇 번이나 왔었나 수를 세어보니 아마도 10번은 넘게 온 것 같다. 올 때마다 일행이 있어서 한 바퀴 둘러보고는 뭐가 그리도 바쁜지 잠시 앉아보지도 못하고 발길을 재촉했다. 담양에서 한 달 살기를 하니 소쇄원의 분위기를 제대로 만끽할 여유가 생겼다. 한 달 살기 하는 동안 한 번 더 올 것 같은 예감이다. 언제든 기회가 생기면 다시 오고 싶은 곳이 소쇄원이기 때문이다. 계절마다 시시때때로 변하는 자연의 색이 한 폭의 한국화 그림 속으로 들어가는 분위기이다.

툇마루에 걸터앉아 오고 가는 사람들을 살펴보니 대부분 나이가 지긋한 어르신들이다. 내 생각에는 어린이와 함께 하는 가족여행지로 소쇄원을 추천하고 싶다. 조용한 자연과 함께 할 수 있어 서로에게 좀 더 집중할 수 있는 시간이 될 수 있다. 아이들이 어릴수록 시끌벅적한 곳에서 벗어나 자연을 산책하며 조용조용 대화할 수 있는 여행을 하는 것이 정서에 좋다. 소쇄원에서 찍은 사진은 인화해서 액자에 넣어 보자. 아이가 성장해 자연을 거스르지 않았던 한국식 정원 *원림(園林)을 이해할 나이가 되면 소쇄원에 머물렀던 사진 한 장의 추억은 소중한 보물이 된다.

소쇄원

소쇄원에 도착하면 입구 양옆으로 높게 치솟은 대나무 숲이 여행자를 반긴다. 바람이 대나무를 악기 삼아 노래하는 소리는 원내에 들어가는 마음을 설렘으로 흔든다. 들어가는 길에 대나무를 좌우로 빽빽하게 심은 뜻은 이곳이 대쪽 같은 선비가 머물렀기 때문이다. 면앙 송순, 석천 임억령, 하서 김인후, 사촌 김윤제, 제봉 고경명, 송강 정철 등이 이 길을 통과해 소쇄원에 드나들면서 정치, 학문, 사상 등을 논했다. 조선시대 최고의 문인이자 학자였던 선비들이 갓을 쓰고 도포를 입은 차림으로 이 길을 걸으며 무슨 생각을 했을까 궁금해진다. 오늘 그들이 걸었던 선비의 길을 따라가 본다.

*원림(園林): 정원이 주택에서 인위적인 조경작업을 통하여 분위기를 연출한 것이라면 원림은 교외에서 동산과 숲의 자연스런 상태를 그대로 조경대상으로 삼아 적절한 위치에 인공적인 조경을 삼가면서 더불어 집과 정자를 배치한 것이다.

울창한 대나무 길이 끝나는 곳에서 만나는 소쇄원은 대문이 없다. 대문이 없으니 문패도 없지만 굳이 찾자면 담에 새겨진 소쇄처사양공지려(瀟灑處士梁公之廬)라는 송시열이 쓴 글이 있다. 소쇄공 양산보의 초라한 집이라는 뜻이며 여기서 처사(處士)는 학문을 자기완성에 두고 벼슬을 하지 않았던 양산보를 말한다. 대문만 없는 것이 아니라 담도 지붕을 가리지 않는 높이 2m로 드문드문 쌓았을 뿐이다. 또한 흐르는 시냇물을 막지 않고 아래로 물길을 내어 주는 특별한 담장을 세워 자연과 조화를 이루고 있다. 소쇄원은 북쪽으로 장원봉에서 흘러내리는 계류가 암반을 타고 다섯 가닥으로 흐르다가 폭포가 되어 작은 연못을 이루게 되는 골짜기를 중심으로 양쪽 언덕에 자리 잡고 있다.

양산보는 길을 지나다가 우연히 작은 계곡에서 오리와 마주치게 되는데 오리가 갑자기 뒤뚱거리며 달아나자 양산보도 따라가게 되었다. 오리가 멈춰 선 곳은 청명한 물소리와 솔바람 향기가 그윽한 곳이었고 그곳이 바로 지금의 소쇄원 자리이다. 신기하게도 오리가 소쇄원 자리를 낙점해 주었다는 이야기 덕분에 지금도 소쇄원에 오면 양산보에게 터를 안내한 암수 한 쌍의 오리를 만날 수 있다.

소쇄원은 크게 내원(內園)과 외원(外園)으로 구분되는데 우리가 말하는 소쇄원은 내원을 말한다. 내원으로 들어가면 자연석을 쌓아 올린 축대 위에 지어진 초정(草亭) 대봉대(待鳳臺)를 처음으로 만나게 된다. 이곳은 원래 소쇄원을 찾아온 손님이 주인이 올 때까지 대기하는

장소였다. 기다리는 동안 손님이 한 칸짜리 정자 대봉대에 오르면 1,400여 평의 소쇄원 내원을 한눈에 내려다 볼 수 있다. 사방으로 불어오는 바람을 맞으며 맑은 물소리를 듣고 있노라면 '기다리는 손님을 주인이 봉황처럼 모시는 곳'이라는 대봉대의 의미를 저절로 알게 된다. 대봉대의 또 다른 의미는 "봉황을 기다리는 곳'으로 해석하는데 성군(聖君)을 기다렸던 양산보의 염원을 읽어 볼 수 있다. 고경명(高敬命, 1533~1592)이 쓴 『유서석록(遊瑞石錄)』에는 '돌을 높게 쌓아 올려 그 위에 세운 소정(小亭)이 있는데 넓은 우산처럼 날개를 펴고 있다'고 정자를 묘사하고 있다. 지금의 초정 대봉대는 전해오는 기록들과 소쇄원도에 기초하여 1985년에 다시 복원했다. 애양단(愛陽壇)은 약 10m×7m 넓이의 마당으로 높이 2m의 담장이 ㄱ자로 둘러져 있다. 당시에는 김인후의 소쇄원사십팔영(瀟灑園四十八詠)이 걸려 있었다고 한다. 북풍을 막기 위해 담을 둘렀지만 빛을 모으는 역할도 하여 이곳이 원(園) 안에서 가장 볕이 잘 드는 곳이라 겨울에 눈이 내리면 가장 빨리 녹는 따뜻한 곳이다. 애양단을 지나 계곡을 건너려면 외나무다리 독목교(獨木橋)를 지나야 한다. 이곳에서는 누구나 떨어질까 두려워 겸손해진다. 애양단에서 외나무다리를 건너면 있는 매대(梅臺)에는 2개의 단을 두고 매화가 심어져 있다.

*봉황: 봉황은 성군이 나라를 다스려 백성들이 태평성대를 이루면 나온다는 상상의 새이다. 봉황은 대나무 숲에 살면서 오동나무가 아니면 앉지 않고 대나무 열매 죽실만 먹는다고 한다. 양산보는 소쇄원에 성군을 기다리는 염원을 담아 오동나무를 식고 대밭을 조성했으며 봉황이 먹는 샘물을 만들어 놓았다.

소쇄원에서 건축물은 광풍각(光風閣)과 제월당(霽月堂)이 있다. 광풍각과 제월당은 중국 송(宋)나라 황정견(黃庭堅, 1045~1105)이 주돈이(周敦이, 1017~1073)의 인물됨을 평하면서 '가슴에 품은 뜻이 맑아 청량한 바람과도 같고, 비 갠 뒤 하늘의 밝은 달과 같다(胸懷灑落如光風霽月)'고 한 데서 연유한다. 교류의 공간이었던 광풍각은 계류에 좀 더 가까이 다가가려고 계곡가에 높은 석축을 쌓고 중간 단을 돌출 시켜 그 위에 얹었다. 그래서 김인후가 쓴 소쇄원사십팔제영(瀟灑園四十八題詠)에서는 광풍각을 개울 물소리를 들을 수 있는 선비의 방이라는 의미로 '침계문방'(枕溪文房)이라 표현하고 있다. 광풍각 옆의 암반에는 석가산(石假山)이 있는데 이런 배치는 고려시대 정원에서 볼 수 있는 조경방법이다. 한편, 광풍각의 뒤쪽에 위치한 동산을 복사동산이라 하여 도잠(陶潛)의 무릉도원을 재현하고 있다. 광풍각에는 영조 31년(1755) 당시 소쇄원의 모습이 그려진 그림이 남아 있다. 사랑방 역할을 했던 광풍각에서 위쪽으로 올라가면 주인이 거처하며 조용히 독서했던 사적인 공간 제월당이 있다. 정면 3칸, 측면 1칸으로 팔작지붕의 기와집이다. 남쪽에 방 1칸을 두고 북쪽 2칸에는 마루를 두었다. 자연의 순리를 거스르지 않는 한국 정원의 정점을 보여주는 양산보의 소쇄원은 조선 중기 호남 사림문화를 이끈 인물들의 구심점 역할을 했다.

소쇄원 전라남도 담양군 남면 소쇄원길 17

아는 만큼 보여요!

소쇄원

조선 중기의 대표적인 *별서(別墅)정원 소쇄원을 만든 양산보(梁山甫, 1503~1557년)는 본관은 제주이고 담양 창평 창암촌에서 창암 양사원의 장남으로 태어났다. 양산보는 조선시대 선비들의 이상향이었던 **주희(朱熹)를 따르며 자연으로 돌아가 소쇄원을 짓고 그곳에서 은둔 생활을 했다. 주희의 성리학은 오랫동안 중국을 비롯한 동아시아 지식인 사회를 지배해왔다. "세상의 모든 이치는 주자(朱子)가 이미 완벽하게 밝혀 놓았다. 우리에게 남은 일은 다만 그의 이치를 실천하는 것일 뿐이다."라고 송시열이 칭송할 만큼 주자의 사상은 조선시대 지식인들에게 절대적인 영향을 미쳤다. 선대 유학자들의 성과를 집대성하고 유학의 방향을 새롭게 전환시킨 주희(朱熹)의 ***무이구곡(武夷九曲)을 양산보가 평생 실천한 곳이 소쇄원이다.

*별서(別墅): 들이 있는 부근에 한적하게 따로 지은 집을 말한다.
**주희(朱熹): 중국 남송시대의 유학자로 이름은 희(熹), 자는 원회(元晦), 호는 회암(晦庵)이며 주자(朱子)라는 명칭은 그를 존경하는 의미로 사용한다. 주자학을 집대성하였다.
***무이구곡(武夷九曲): 조선의 지식인 사회에 절대적인 영향을 미친 주희의 고향으로 그가 지었던 무이구곡가(武夷九曲歌)의 영향을 받아 조선시대의 학자 이황(李滉)은 도산십이곡(陶山十二曲)을, 이이(李珥)는 고산구곡가(高山九曲歌)를 지었다.

스승 조광조와 제자 양산보

양산보의 아버지는 양산보가 15세 되던 해(1517)에 그를 서울로 보내 당시 대사헌인 조광조(趙光祖)의 문하에서 학문을 배우도록 했다. 양산보는 학문을 열심히 갈고 닦아 그의 나이 17세(1519)에 중종이 친히 주관한 시험(친시, 親試)에 합격하게 되지만 나이가 어려 벼슬길에 오를 수 없게 된다. 이를 애석하게 여긴 중종은 그를 불러 위로의 말과 함께 지필묵(紙筆墨)을 하사하였다고 한다.

그러나 그 해 겨울 조광조는 신진개혁정치를 펴다가 기묘사화(己卯士禍, 1519)를 맞는다. 스승이 정권에서 축출되어 능주(綾州, 전남 화순)로 유배되자 양산보는 스승의 귀양지를 따라 고향 창평(昌平, 전남 담양)으로 내려온다. 그러나 조광조는 유배 한 달 만에 사약을 받아 죽게 되면서 그와 뜻을 같이 하던 70여명의 선비들도 모두 사사(賜死)되어 개혁정치의 뜻은 물거품이 되어 사라졌다. 조광조를 스승으로 모시고 공부한지 3년째 되는 열일곱의 양산보는 스승의 죽음을 직접 겪으면서 엄청난 충격을 받게 된다. 결국 현실정치에 대한 환멸을 느껴 평생 벼슬을 하지 않고 장암촌 산기슭에 소쇄원을 짓고 초야에 묻혀 살았다.

소쇄원의 '소쇄'는 본래 공덕장(孔德璋)의 「북산이문(北山移文)」에 나오는 말로서 깨끗하고 시원함을 의미한다. 양산보는 이러한 명칭을 붙인 정원의 주인이라는 뜻에서 자신의 호를 소쇄옹(瀟灑翁)이라 하였다. 소쇄원의 조성시대는 정확히 말하기 어려우나 양산보가 낙향한 1519년 이후부터 시작해 송순(宋純)과 김인후(金麟厚) 등의 도움을 받고 이후 그의 아들 자징(子澄)과 자정(子淨)이 광풍각 옆 담 밖에 각각 고암정사(鼓巖精舍)와 부훤당(負暄堂)을 건립하기까지 약 70여 년간의 세월에 걸쳐 완성된 것으로 보인다.

1597년에는 정유재란으로 건물이 소실되자 양산보의 손자 천운(千運, 1568~1637)이 1614년에 복원하였다. 소쇄원은 양산보 이후 15대에 이르는 400여 년간 후손들의 정성으로 잘 보존되어 오늘날 까지 조선시대의 정취를 고스란히 간직하고 있다. 조경, 건축, 시문 등 다양한 분야에서 귀중한 자료로 연구되고 있다. 1983년 7월 20일 사적 제304호로 지정되었다가 2008년 5월 2일 국가 명승 제40호로 변경되었다.

아는 만큼 보여요!

조광조와 기묘사화

1506년 중종반정으로 연산군이 폐위되고 조선 제 11대 왕 중종(中宗)이 즉위했지만 어수선한 세월은 지속됐다. 이 때 한 젊은 사림이 혜성처럼 등장했다. 신진 사림파 정암 조광조(靜庵 趙光祖, 1482~1519)다.

조광조는 1515년 알성시 별시에 급제한 후 성균관 전적을 시작으로 여러 관직을 역임하며 조선을 성리학적 이상사회로 건설키 위한 원대한 꿈을 꾼다. 중종도 파격 발탁, 적극 지지했다. 왕을 등에 업은 사림파의 젊은 영수 조광조는 그러나 너무 과격했고 급진적이었다. 훈구파에 의한 사회적 비리를 도학정치(道學政治)로 조선을 개조하려 했지만 수단과 방법론에 문제를 드러냈다. 율곡 이이도 그 부분을 안타까워했다. 뜻이 맞지 않은 훈구세력들을 소인으로 폄하하고 중종반정 공신 76명에 대해 위훈삭제에 들어간다.

조정을 장악하고 있던 훈구파가 위기의식을 느끼지 않을 수 없었다. 이때 '주초위왕(走肖爲王)' 카드가 등장하고 중종은 마침내 조광조를 의심, 등을 돌리게 된다. '주초위왕(走肖爲王)'은 훈구파가 대궐의 나뭇잎에 '주초위왕(走肖爲王)'이란 글을 꿀로 써서 벌레가 파먹게 한 다음, 마치 자연적으로 생긴 현상으로 꾸며 왕에게 고하도록 한 것이다. '주초(走肖)'는 '趙' 자의 파획으로 '조(趙, 조광조)가 왕이 된다'는 암시의 글이다. 1519년(중종 14), 꿈 많았던 조광조는 측근 70여명과 모반죄로 숙청 당하는 기묘사화(己卯士禍)를 맞는다. 조광조는 능주(綾州, 전남 화순)로 귀양 갔고 한 달 만에 사사(賜死)되었다.

STORY 16
이륙하겠습니다~

비행기를 타고 해외여행을 떠날 때마다 "이렇게 무겁고 큰 비행기가 어떻게 하늘을 날 수 있을까?" 짧은 시간에 먼 타국으로 데려다주는 상황이 신기하다. 인간의 날고 싶다는 꿈을 현실로 이루어지기까지 목숨을 건 무모한 도전들이 있었다. 새들의 깃털을 몸에 붙이거나 커다란 연을 몸에 묶어 날아보려는 시도는 모두 실패했다. 그러나 라이트 형제가 엔진을 장착한 비행기를 만들어 결국 하늘을 나는 꿈은 현실이 되었다. 비행기는 발전을 거듭하여 찰스 린드버그가 세인트루이스의 정신(Spirit of St. Louis)이라는 이름의 비행기를 타고 뉴욕에서 파리까지 무착륙으로 날아갔다. 무려 33시간 30분이 걸린 대서양 횡단은 정신력의 승리였다.

현재 우리가 누리고 있는 항공기술은 제2차 세계대전이라는 전쟁이 가능하게 했다. 비행기에 대한 관심은 단순한 개인 차원의 호기심을 넘어 이제는 국력으로 이어지고 있다. 담양항공은 비행교육기관이지만 누구나 비행을 해 볼 수 있는 문을 활짝 열어 두고 있다. 그 이유는 어린이와 청소년들이 하늘을 향한 꿈을 펼칠 기회를 주고 싶은 마음 때문이다.

담양항공

담양군 금성면에 위치한 담양항공에 가면 하늘을 나는 짜릿한 체험을 할 수 있다. 운영은 항공기 자격시험 교육비행 위주로 하지만 사전 예약을 하면 체험비행, 항공촬영 등 다양한 항공 관련 서비스를 제공받을 수 있다. 주요 코스는 죽녹원, 담양호, 금성산성, 담양리조트, 담양 메타세쿼이아 가로수 길로 두 발로 걸어 다니던 담양을 하늘에서 내려다보는 감동이 크다. 단, 경비행기 체험은 미리 예약해야만 가능하고 예약을 했더라도 당일 기상이 좋지 않으면 안전을 위해 비행이 취소될 수도 있다는 점을 유념해야 한다. 참고로 비행기 한 대에 조종사가 있고 그 옆자리에 체험하는 한 명이 탑승한다. 가족이나 연인 또는 친구와 같이 타고 싶다면 한 명씩 따로 비행기에 타서 공중에서 무전기로 대화를 나누며 비행한다. 비용은 투어 시간과 평일, 주말에 따라 다르다. 초등학생 이상 일반인이면 누구나 탑승 가능하다.

에로마스터 담양비행장 전라남도 금성면 담순로 156-46

담양호

담양호는 영산강 최상류인 전라남도 담양군 용면에 위치해 있다. 영산강유역개발 1단계 사업의 일환으로 1972년 착공하여 만 4년 만인 1976년 9월 장성호·광주호·나주호 등과 함께 담양호가 준공되었다. 코어형 필댐(fill dam)인 담양댐이 건설되면서 만들어진 담양호는 제방높이 46m, 길이 316m, 만수면적 405ha에 저수량 6,670만 톤으로 담양평야를 적셔주는 거대한 인공 호수이다.

농업용수원으로 연간 1만 여t의 미곡 증산과 가뭄과 수허를 방지하는 데 큰 몫을 하고 있으며 담양읍 일원에 일당 3,000㎥의 상수도 용수 공급에 기여하고 있다.

담양호를 하늘에서 내려다보면 호수의 모양이 세상에서 가장 큰 용한 마리가 꿈틀거리는 모습이다. 가마골에서 하늘에 오르지 못하고 떨어져 죽었던 황룡이 담양호에 다시 살아 돌아온 듯 신기하다. 담양호는 영산강 발원지인 가마골에서 흘러내려오는 물이 모여들어 이루는데 맑고 시원한 물에는 빙어, 메기, 가물치, 잉어, 향어 등이 많이 서식하고 있다. 특별히 12월부터 4월에 찾아오는 겨울 손님 빙어는 입맛을 되살려 주는 별미로 손꼽힌다.

용마루 길

용마루 길은 담양호의 수려한 풍경과 함께 추월산, 금성산성 등 주변 경관을 함께 느낄 수 있는 수변 산책코스이다. 행정안전부와 문화체육관광부의 공모사업에 선정돼 전액 국고로 조성된 길로 2012년 착공해 2015년 마무리 되었다. 누구나 쉽게 걸을 수 있는 나무테크 산책길 2.2km와 걷는 재미가 쏠쏠한 흙길 1.7km로 총 구간거리는 3.9km이다. 소요 시간은 왕복 약 2시간이며 걷는 코스는 목교~전망대~연리지~옛 마을 터~삼거리이다.

담양호를 감상하기 위해 용마루 길을 걸어 보려면 추월산 주차장으로 가면 된다. 주차장에서 추월산을 뒤로 하고 걸어 나와 과녁바위산 방향으로 가면 나무다리가 보인다.

나무로 만든 다리 목교는 용마루 길의 시작점이다. 다리 길이는 짧지만 높이가 높아 발 아래 담양호 물길을 내려다보면 어지럼증이 날 정도의 아찔함이 있다. 다리를 건널 때 조금만 천천히 걸어보자. 다리 위에는 친절하게도 쉬어가기 좋은 공간도 마련되어 있다. 다리 중간쯤에 서 있으면 담양호의 시원한 물길 위에 떠 있는 듯하다. 이제 사방을 둘러보자. 추월산, 금성산성까지 담양호를 둘러싼 절경이 잘 왔다고 여행자를 칭찬해 준다. 용마루 길의 시작점에 있는 목교는 대부분 무심하게 그냥 지나친다. 다음 풍경에 대한 기대 때문에 지금 내 앞의 풍경을 놓치는 것이다. 얼마나 아름다운 풍경화 속에 자신이 들어 와 있는지 아는 사람은 많지 않다. 경주하듯 빠르게 걷기만 한다면 용마루 길 역시 특별할 게 없다. 인생살이도 그렇지 않을까? 힘껏 달리기만한 하루는 놓친 것들이 또 얼마나 많을까.

 ## 담양항공 비행체험

비행교육기관인 담양항공은
여행자도 미리 신청하면 탑승이 가능하다.

비행기를 타면
죽녹원, 메타세콰이어, 금성산성, 담양호 등
담양의 명소를 하늘에서 내려다 볼 수 있다.

죽녹원

감동~

메타세콰이어

금성산성

담양호

담양항공에서는 어린이, 청소년들에게
하늘을 향한 꿈을 열어주고 있다.

날씨가 맑아도 바람이 불어
비행을 하기 힘든 상황이면
안전을 위해 탑승이 불가능할 수도
있다는 점을 기억하자!

STORY 17
근심은 뿌셔 뿌셔

담양에서 한 달 살기를 시작한 것이 어제 같은데 벌써 17일이 지났다. 담양에서 지내는 동안 해 뜨는 시간에 일어나고 해지는 시간에 잠을 자겠다는 야무진 계획이 있었다. 그러나 습관이란 오랜 시간동안 쌓여 견고해진 틀이라 마음을 먹는다고 쉽게 달라질 리가 없었다. 마음에 드는 책을 손에 쥐면 마지막 장이 나올 때까지 바로 읽어야 해서 밤을 새우는 일이 많았다. 낮에는 밖에서 사진을 찍거나 취재를 하고 저녁에는 사진정리와 글쓰기에 빠져있다 보면 어느새 다음날 해가 옆에 와 있다.

특별한 일이 없어도 밤에 잠을 안자고 뭔가 하고 있는 나는 건강이 점점 나빠짐을 직감하고 있었다. 건강을 회복하려면 습관을 바꾸고 내 몸을 자연에 가까이 두면 될 일이다. 이론은 잘 알고 있지만 한 달 중 반이 넘어가는 지금도 여전히 밤에 일을 하고 있다. 이래서는 안 된다는 각오로 알람을 맞춰 놓고 새벽에 일어나 죽녹원으로 향했다. 구겨진 몸을 펴고 안 떠지는 눈을 들고 죽녹원 산책을 시작했다. 해가 올라오면서 잠들었던 대나무 숲에 빛이 들어오는 순간은 어느 때보다도 아름다웠다. 새들의 노래도 한층 곱고 맑게 들렸다. 운수대통길, 사랑이 변치 않는 길, 죽마고우길, 철학자의 길 등 8가지 주제의 길을 따라 걷다보니 몇 시간 못 잤지만 몸과 마음이 가벼워졌다.

새벽까지 일을 하는 습관은 건강을 해칠 것이 뻔한데 고치지 못하는 자신이 너무 한심하다는 자책을 하면서 죽녹원으로 왔다. 담양에 와서 이것 하나는 확실히 바꿔 놓으리라 다짐했지만 노력도 안하고 저절로 잘 될 거라는 어이없는 생각은 어디에서 왔는지. 습관이 생기기까지 오랜 시간이 걸렸으니 그만큼의 시간을 애써 노력해야 바뀔 것 같다. 자책으로부터 오는 근심도 건강에 도움이 안 된다. 근심은 부셔서 저 하늘에 날려버리고 조금씩 노력하는 걸로 결론을 내려 본다.

대나무의 고장 담양

사람은 자신이 살아가는 자연을 닮는다고 한다. 그래서일까 예로부터 대나무의 고장이었던 담양은 신기할 만큼 대나무처럼 대쪽 같은 절개를 지닌 선비가 많은 고을이다. 또한 예로부터 담양에서 만든 죽제품들은 명품가방 못지않은 귀한 대접을 받았다. '호남인들은 대를 종이같이 다듬어서 청색과 홍색 등 여러 가지 물을 들여 옷상자 등으로 썼다. 그 옷상자는 호남에서도 담양이 가장 뛰어났다'고 실학자 서유구의 〈임원경제지〉에 기록하고 있다. 이렇듯 담양은 오래전부터 대나무의 고장, 죽향(竹鄕)으로 널리 알려져 있다. 그러나 세월은 무심하게도 대나무의 가치를 바닥에 떨어뜨린다. 값싼 플라스틱이 등장해 대나무 제품을 대신하면서 대나무는 사람들의 관심에서 점점 멀어지게 되었다. 세월을 이기는 장사는 없다고 하지만 담양군은 놀랍게도 위기를 기회로 만들었다. 대나무를 힐링의 숲으로 만드는 아이디어를 생각해 낸 것이다. 2003년 5월 약 31만㎡의 공간에 죽녹원(竹綠苑)을 조성하였다.

울창한 대나무 숲과 담양의 정자문화 등을 볼 수 있는 시가문화촌이 탄생했다. 이후 가족, 연인, 친구, 수학여행 등 연간 관광객 100만 명이 찾는 대한민국 최고의 관광명소로 자리 잡았다. 죽녹원 조성사업이 성공하면서 다시 한 번 담양이 대나무 고장임을 널리 알리는 기회가 되었고 이제는 대한민국 국민이라면 누구나 담양하면 대나무고장이라는 인식을 하게 되었다. 2018년 8월 30일 죽녹원 대나무 숲이 국가 산림문화자산으로 지정되었다. 산림문화자산이란 생태적, 경관적, 정서적으로 보존할 가치가 큰 유형의 자산을 말한다. 또한 올해도 한국관광공사 선정 한국인이 꼭 가봐야 할 국내관광 100선으로 죽녹원이 선정되었다. 죽녹원은 담양에 오면 제일 먼저 찾는 곳으로 담양의 대표 관광지이다.

죽녹원

현대인의 힐링 안식처로 유명한 죽녹원에는 울울창창 대나무 숲이 펼쳐져 있다. 애써 숲길을 걷는 이유는 삼림욕 때문인데 대나무 숲은 이산화탄소 흡수량이 소나무의 4배가 된다. 죽림욕(竹林浴)에서 만나는 음이온은 삼림욕보다 혈액을 맑게 하고 저항력을 증가시키며 공기 정화력도 탁월하다. 특히 살짝 비라도 내려주면 물과 만나 숲보다 10배나 더 음이온이 나온다. 죽녹원 대나무 숲으로 걸어 들어가면 빽빽하게 심어진 대나무 덕분에 햇볕이 가려져 들뜬 사람들을 차분하게 만들어 준다. 흔들리는 대나무 사이로 들어오다 흩어지는 빛줄기는 신비로운 순간이 된다.

분죽, 왕대, 맹종죽 등 대나무로 이루어진 초록세상을 걷다보면 머리가 맑아져 어느새 마음을 너울너울 춤추게 만든다. 죽녹원 산책로는 운수대통길, 사랑이 변치 않는 길, 죽마고우길, 철학자의 길 등 8가지 길이 있다. 그 길을 따라 걷다보면 생태전시관, 인공폭포, 생태연못, 야외공연장, 한옥카페, 시가문화촌, 한옥체험장 등을 만나게 된다.

문인들의 사랑을 듬뿍 받는 대나무
담양의 멋은 대나무로부터 시작한다. 예로부터 문인들의 사랑을 듬뿍 받은 대나무는 수없이 많은 시(詩)가 전해온다.

산 앞에는 수많은 푸른 대나무
한줄기 맑은 길은 오월에도 서늘하네.
세상에서 누가 대나무의 절개를 사랑했는가.
왕자유를 만나 자세히 물어보리라

육희성(陸希聲)의 고죽 길(苦竹徑)

당나라의 육희성(陸希聲)이 지은 고죽 길(苦竹徑)이라는 시이다. 그는 대나무 숲길을 걸으면 언제나 맑고 깨끗하여 오월의 더위에도 서늘함을 칭송하면서 대나무의 두 마음이 없는 지조를 사랑했던 왕휘지를 만나 대나무의 절개를 자신만큼 사랑하였는가 물어보아야겠다고 대나무를 예찬하고 있다. 오래전부터 우리나라는 물론 중국의 학자들은 지조와 절개의 상징인 대나무 숲길을 몹시 좋아했다.

죽녹원 대나무 길을 걸으며 대쪽 같은 선비의 마음을 미루어 짐작해 보는 시를 소리 내어 낭송해 보는 것은 어떨까? 손맛, 입맛이 있다면 길에도 맛이 느껴지는 길맛이 있다. 대나무를 사랑했던 옛 문인들을 상상해 보며 시를 읽어본다면 죽녹원 여행의 길맛을 한층 돋울 수 있는 특별한 시간이 된다. 또한 대나무 길을 걸으며 우리 조상들이 더위를 다스렸던 죽부인을 생각해 봐도 좋다.

이규보(李奎報)는 '동국이상국집(東國李相國集)'에서 '죽부인(竹夫人)'을 매우 생생하고도 흥미롭게 묘사하고 있다.

대나무는 본래 남자에 비유하는 것이지
진실로 여자에 가깝지 않은 것인데.
어찌하여 침구로 만들어져서
억지로 부인이라는 이름이 되어 버렸네.
나의 어깨와 다리를 괴어서 편안히 해주고
나의 이불 속에 들어와 친밀하게 되었네.
비록 남편을 공경하는 행위는 없으나
방안에서 나만을 모시는 요행을 가졌네.
다리가 없으니 남에게 도망갈 염려도 없고,
말을 못하니 술 잘 먹는 나를 충고하지도 못하네.
고요한 것이 나에게는 가장 편한 것,
서시같이 아름다운 여자를 생각할 필요가 없다.

이규보(李奎報)의 죽부인(竹夫人)

오늘날 한여름 더위를 피하기 위해 에어컨을 켜는 것과는 달리 더위를 다스렸던 조상들의 지혜는 멋이 넘친다. 낮에는 불볕더위를 막고 바람을 불러오는 대발을 대청에 치고 바람이 위아래 통하는 평상위에서 부채를 부치면서 밤이 오면 모깃불을 지펴놓고 죽부인을 홑이불 속에 넣고 시원한 잠을 청했다. 자연을 거스르지 않고 조화를 이루며 살려 했던 선조들의 지혜와 멋을 오늘날에 다시 살려보는 것은 어떨까? 담양에 오면 더위를 해결해 줄 죽부인을 만날 수 있다.

죽녹원 전라남도 담양군 담양읍 죽녹원로 119

아는 만큼 보여요!

담양에서 체험하는 죽림욕 효과

첫째, 음이온이 많이 발생된다. 음이온은 혈액을 맑게 해주고 저항력도 증가시키며 자율신경계를 인체에 유익하게 조절하고, 공기 정화력도 탁월하고 살균력도 아주 좋다. 물론 음이온은 대나무 숲 뿐 아니라 일반 숲에서도 많이 발생되는데, 특히 물과 나무가 만나면 음이온이 보통 숲보다 10배나 더 많이 나온다고 한다.

둘째, 알파상태로 만들어 준다. 명상과 같은 편안한 상태가 되면 우리의 뇌에서는 뇌파의 활동이 완화되고 알파파가 폭발적으로 생산이 되는데 이 상태를 알파상태라고 한다. 죽녹원에 들어서는 순간 이미 우리는 심신이 편안해지는 알파상태가 된다.

셋째, 산소가 엄청나게 나와 상쾌한 시원함을 느낄 수 있다. 대숲은 밖의 온도보다 4~7도 정도 낮다고 하는데 이는 산소 발생량이 높기 때문이다. 여름철 피서지로 바다나 계곡만 생각했다면 이제는 대나무 숲을 걸어보자.

죽녹원 죽림욕 산책로 8길

제1길 운수대통길 (420m, 소요시간 15분)
운수대통길을 걸으며 1년 좋을 운수를 10년으로 늘려보자. 곳곳에 놓여 있는 쉼터에 앉아 잠시 숨을 돌리고, 일지매 촬영지에서 사진을 찍노라면 시원한 대숲향기에 매료되어 정신이 알싸해지는 신통방통한 길이다.

제2길 사색의 길 (80m, 소요시간 2분)
운수대통길이 멀다면 샛길로 곧장 가도 괜찮다. 물론 사랑이 변치 않는 길을 걸어보지 못해 아쉽지만 철학자의 길 입구에 있는 동상 옆에서 발걸음을 멈추고 사색에 잠기는 것도 운치 있다.

제3길 사랑이 변치 않는 길 (570m, 소요시간 20분)
사랑하는 사람과 함께 죽녹원에 왔다면 사랑이 변치 않는 길은 빠뜨리지 말고 걸어보자. 대나무와 폭포가 함께 만들어 내는 음이온의 영향으로 사랑하는 사람이 더욱 아름답게 보이는 길이라고 한다. 두 손 꼭 맞잡고 대숲을 싸목싸목 걸으며 시원하게 뻗어 올라간 대나무를 감상하고 폭포 앞에서 찍은 사진은 잊지 못할 순간이 된다.

제4길 죽마고우길 (130m, 소요시간 4분)
친구들과 함께하는 여행이라면 운수대통길 중간에서 죽마고우길 방향으로 걸어보자. 조용한 대숲 길에서 친구와 오랜만에 마음 속 진솔한 이야기를 나누며 좋은 친구의 소중함을 느껴볼 수 있는 우정의 길이다.

아는 만큼 보여요!

죽녹원 죽림욕 산책로 8길

제5길 추억의 샛길 (160m, 소요시간 5분)
아련하게 사라져 가는 추억의 책장을 살포시 열어 보는 추억의 샛길을 걸어 보자. 서툴렀던 사랑 고백의 순간, 철이 없었던 방황의 시간 등 지나간 시간을 되돌려 보면 자연스레 입가에 미소가 번진다.

제6길 성인산 오름길 (250m, 소요시간 8분)
담양 사람들은 예로부터 담양향교 뒤쪽을 감싸고 있는 성인산이 공자의 인의예지신(仁義禮智信)을 뜻한다고 믿어 왔다. 성인산으로 오르며 올곧은 사람, 사람다운 사람, 남을 배려하는 사람, 자기 이익만을 바라지 않는 사람이 되라고 했던 공자님의 말씀을 되새겨 보자.

제7길 철학자의 길 (440m, 소요시간 15분)
이 길을 걸을 때는 철학자처럼 잠시 눈을 감고 차분하게 인생을 생각해 보자. 댓잎을 통과하는 바람이 다가와 어떤 상황에서도 눈부신 미래를 꿈꾸는 당신이 되라고 속삭여주고 갈지도 모른다. 불어오는 대숲 맑은 바람의 청량감은 여러 해 묵혀 둔 스트레스를 한방에 날려버려 어느새 가벼운 마음이 된다.

제8길 선비의 길 (370m, 소요시간 10분)
옛 선비의 모습을 연상하며 직접 선비가 되어 천천히 걸어보자. 대나무의 굳고 곧음이 바로 숭고한 학문을 쌓은 학자를 상징하기 때문이다. 입시나 취업을 앞둔 수험생이라면 힘과 용기를 심어주는 이 길을 추천한다.

STORY 18
하하 아저씨

죽녹원 내 한옥에서 살고 있는 나는 매일 하하 아저씨를 만난다. 진짜 사람은 아니고 속이 훤하게 내비치는 아저씨 조형물이 가방을 들고 서 있다. 하하 아저씨라는 이름은 내가 붙여 주었다. 비가 오나 바람이 부나 상관없이 고개를 살짝 들고 하늘을 향해 웃고 있기 때문이다. 아침마다 하하 아저씨에게 하하 웃으며 인사하면서 미소로 하루를 시작한다. 아잔 브람이라는 스님은 불교의 최종 목표가 웃음이자 행복이라는 것을 깨닫고 나서 특유의 유머로 빛나는 법문을 하게 되었다고 한다. 세상의 모든 것들에게 친절하게 미소 지을 수 있다면 지금 이 순간 우리는 행복 안에 있는 것이다. 오늘은 대나무의 모든 것을 한눈에 공부할 수 있는 한국대나무박물관으로 간다.

한국대나무박물관

한국대나무박물관은 전국에서 유일한 대나무박물관으로 대나무의 모든 것을 한자리에서 보고 즐기며 이해할 수 있도록 전시하고 있다. 왜 대나무박물관이 담양에 있는 것일까? 그것은 담양이 한반도에서 대나무가 자생하기에 가장 적당한 환경과 기후를 가지고 있기 때문이다. 지리적인 면에서 살펴보면 삼림대의 온대남부에 속하여 연 평균 기온이 12℃이고 연 평균 강수량이 1000㎜ 내외이며 토지가 비옥하고 산들이 둘러싸여 있어 바람을 막아준다. 또한 3월 중순에서 5월 말까지 내리는 약 300㎜ 내외의 강수량은 대나무의 재배지로 가장 최적의 자연조건이다.

따라서 조선시대부터 오늘날에 이르기까지 500년 동안 죽향(竹鄕)의 고장이라 불리던 담양은 품질이 우수한 죽제품 생산지이다. 이러한 대나무의 전통을 계승하고 더욱 발전하기 위해 1981년 9월에 개관한 한국대나무박물관은 죽세공예진흥단지 준공과 함께 1993년 3월에 이전하였다. 전체 46,650㎡의 대지에 건물은 지하1층, 지상2층으로 이루어져 있으며 6개의 전시실에 고죽제품, 신제품, 외국제품 등 수 천점이 전시 보관되어있다.

대나무는 아주 특별한 식물이다.
대나무는 벼과 중 가장 키가 큰 식물로 높이 30m, 지름 30㎝까지 자란다. 줄기가 꼿꼿하고 둥글며 속이 비어 있다. 땅속줄기는 옆으로 뻗어 마디에서 뿌리와 순이 나온다. 습기가 많은 땅을 좋아하고 생장이 빠르다. 대나무 중에서 직경 20cm까지 크는 것이 맹종죽인데, 하루 동안에 1m까지 자랄 수 있다고 한다. 유관속식물이지만 형성층이 없어 초여름 성장이 끝나고 나면 몇 년이 되어도 비대생장이나 수고생장은 하지 않고 부지런히 땅속줄기에 양분을 모두 보내 다음 세대 양성에 힘쓰는 것이 보통 나무와 대나무가 다른 점이다.
좀처럼 꽃이 피지 않지만, 한번 필 경우에는 대나무밭에서 일제히 피며 대나무에 있는 영양분을 모두 소모하여 말라 죽는다. 대나무는 매년 죽순이 나오며, 15~20일이면 키와 두께가 다 자라 지구상에서 가장 왕성한 성장활동을 하는 식물로 알려져 있다.

대나무는 생장하기 시작하여 수십일 만에 다 자라며, 다 자란 후에는 성장을 멈춘다. 같은 종류의 대나무라고 해도 늦게 발순한 것은 빨리 발순한 것보다 생장기간과 죽간의 길이가 짧다. 보통 맹종죽은 30~50일, 왕대는 20~40일, 솜대는 25~45일만에 다 자란다. 대나무는 죽순이 지상에 나와 아주 짧은 기간 동안에 생장이 완료되므로 대나무의 1일 신장량은 대나무의 종류와 크기 및 발순 시기에 따라서 다르다. 1일 신장량은 오전 10시부터 오후 3시경까지가 가장 많다. 또한 건조할 때보다는 습기가 많을 때, 기온이 낮을 때보다는 높을 경우 많이 자란다. 대나무에 함유되어 있는 지베렐린, 카이네틴, 티로신 등의 식물성 호르몬이 대나무의 생장에 깊이 관여하고 있는 것으로 알려져 있는데 예컨대 티로신은 생장을 촉진하는 것 외에도 대나무의 줄기를 단단하고 튼튼하게 하는 성분인 리그닌을 만드는 역할을 한다. 또한 잎의 광합성을 도우며 줄기의 생장촉진과 강도를 높이는 역할을 하는 규산은 잎이나 줄기의 표피에 많이 함유되어 있다. 대나무는 땅속에서 줄기를 확장해 가는 왕성한 번식력을 갖고 대나무 숲을 이루면서 주변의 다른 생물체의 성장을 막으며 급속도로 확산된다. 대나무가 있는 곳에는 소나무나 기타 다른 식물들을 찾아보기 어려운데 이와 같은 이유 때문이다. 길이는 보통 10~15m 정도지만 큰 것은 40m가 넘는다.

한국대나무박물관 전라남도 담양군 담양읍 죽향문화로 35

아는 만큼 보여요!

대나무가 궁금해요

대나무는 나무인가요?

대나무는 나무라 불리기 때문에 당연히 나무라고 생각하지만 대나무는 여러해살이 풀이다. 나무는 체관과 물관 사이에 있는 형성층의 분열로 부피 생장을 하기 때문에 나이테가 있고 나무는 몇 십 년 동안 계속 자라는 연속성을 가진다. 그러나 대나무는 풀이기 때문에 줄기의 관다발에 있는 형성층이 1년밖에 그 기능을 하지 못해 나무처럼 굵어지지 않는다. 또한 대나무는 몇 년 이상 생존해 있어 나무처럼 보이지만 줄기는 땅 속에서 처음 자라 올라오는 굵기로 평생을 살아간다.

대나무의 속은 왜 비어 있을까?

하루 동안에 1m까지 자랄 수 있는 대나무는 마디마다 생장점이 있어 매우 빠르게 자란다. 대나무의 1시간 동안 생장 속도는 소나무의 30년 길이생장에 해당한다. 대나무의 이처럼 빠른 생장 속도에 맞춰 줄기의 벽을 이루는 조직은 대단히 빠르게 늘어나지만 대나무 속의 조직은 세포 분열이 느려 대나무의 속이 텅 비게 되는 것이다.

대나무의 생태에 대해 알려주세요

대나무는 식물분류학상 벼과에 속하며 나무와 전혀 다른 조직을 갖추고 있다. 5월 중순부터 6월 중순에 걸쳐 죽순을 내며 죽순 껍질에는 흑갈색 반점이 있다. 줄기의 높이는 20m에 달하나 추운 지방에서는 3m밖에 자라지 못한다. 대나무는 외떡잎식물로 나이테가 없고 비대생장을 하지 않는다. 표면은 녹색에서 황록색으로 변하고 가지는 2~3개씩 나며, 잎은 3~7개씩 달린다. 길이는 10~20m, 지름은 12~20cm이다.

대나무도 꽃이 피나요?

대나무는 좀처럼 꽃이 피지 않지만, 일생에 한 번 꽃이 피는 식물이다. 개화 시기는 3년, 4년, 30년, 60년, 120년 등으로 다양하며 정확한 개화시기를 예측할 수 없다. 한번 꽃이 필 경우에는 전체 대나무 밭에서 일제히 꽃이 피고 꽃이 핀 대나무들은 모두 말라 죽는다. 대나무는 유관속식물이지만 형성층이 없어 초여름 성장이 끝나고 나면 몇 년이 되어도 비대생장이나 수고생장은 하지 않고 부지런히 땅속줄기에 양분을 모두 보내 다음 세대 양성에 힘쓰는 특별한 식물이다. 그런데 꽃이 핀 대나무는 꽃을 피우느라 대나무에 있는 영양분을 모두 소모하였기 때문에 새로운 생명인 죽순을 만들지 못해 대숲 전체가 죽는 것이다.

STORY 19
타임머신 타고 시간여행

담양군 창평면은 2007년 12월 1일 아시아 최초의 슬로시티로 지정되었다. 슬로시티의 중요한 조건은 그 지역 고유의 전통과 자연생태가 보존되어 있는가, 대대로 이어오는 먹거리가 있는가, 지역 주민의 공통체가 가능한가이다. 창평은 마치 슬로시티가 되기 위해 오래전부터 준비해 왔던 것처럼 슬로시티의 모든 조건을 이미 완벽하게 갖추고 있는 곳이다.

창평에 마을을 이루고 사람들이 모여 살았다는 자료를 문헌에서 찾아보면 백제시대로 거슬러 올라간다.

삼국시대 명칭은 굴지현이었는데 이후 통일신라 경덕왕 6년(757)에 기양현으로 고쳐서 무주에 속하였다는 기록이 있고 고려 태조 23년 (940)에 창평으로 개칭하여 나주목에 속하였다는 자료가 전해 온다. 이렇듯 유서 깊은 창평 중에서도 월봉천, 운암천, 유천의 세 갈래 물이 모인다 하여 붙여진 삼지천(三支川)마을은 보존상태가 좋아 슬로시티로 지정되는 데 주역이 되었다.

담양 창평 슬로시티

삼지천마을은 1510년경에 형성된 마을로 동편에는 월봉산, 남쪽에는 국수봉이 솟아있고, 마을 앞을 흐르는 천의 모습이 봉황이 날개를 뻗어 감싸 안고 있는 형국이라 하여 삼지천 혹은 삼지내라 불렀다. 이 마을은 들판 한가운데 있어, 예로부터 농산물이 풍부한 지역으로 근현대 교육과 인물의 선구를 이루었던 장흥 고씨들을 비롯한 창평 유지들의 요람이었다. 삼지천 마을의 가장 큰 매력은 고택을 둘러싸고 있는 3,600m에 이르는 고즈넉한 담장이다. 흙과 돌을 사용한 토석담으로 비교적 모나지 않은 화강석 계통의 둥근 돌을 사용하였고 돌과 흙을 번갈아 쌓아 줄눈이 생긴 담장과 막쌓기 형식의 담장이 혼재되어 있다. 대체로 담 하부에는 큰 돌이, 상부로 갈수록 작은 돌과 중간 크기의 돌이 사용되었다. S자형으로 자연스레 굽어진 마을 안길을 따라 형성된 담장은 보기만 해도 마음이 스르르 풀리는 편안한 분위기이다. 조선시대(1660년)에 만들어진 고택들과 어울려 마치 그 옛날 조선시대로 타임머신을 타고 시간여행을 온 듯하다. 삼지천마을 옛 담장은 2006년 등록문화재 제265호로 지정되었다.

이탈리아 작은 도시에서 불어 온 슬로시티 운동

1986년 미국의 패스트푸드 맥도널드가 이탈리아 로마에 들어서자 요리칼럼리스트 카를로스 페트리니(Carlo Petrini)가 패스트푸드에 반하는 개념으로 슬로푸드를 제안한 것이 계기가 되어 시작되었다. 이후 1999년 이탈리아 작은 도시 그레베 인 키안티(Greve in chianti)의 시장 파올로 사투르니니(Paolo Saturnini)가 자신이 태어나 살고 있는 마을을 '느리게 살기'를 실천하는 '슬로 시티(Slow City)'로 처음 만들었다. 자판기, 냉동식품, 패스트 푸드점, 백화점, 할인 마트가 발붙이지 못하게 됐고 주민들은 토속 음식들을 먹고 버스 대신 자전거를 탔다. 1만 4000여 주민들 삶을 바꿔놓았던 이 운동은 전 유럽으로 전파되었고 전 세계 90여개 도시가 슬로시티 국제연맹에 가입했다. 주민들의 반발이 엄청났지만 '전통과 자연을 최대한 보존하면서 개발을 꾀하면 우리 마을이 진정한 발전을 하게 된다'고 끊임없이 설득했고 해가 거듭되면서 주민들은 그 '진정한 발전'을 체감하게 됐다.

마을 한복판 광장엔 이 마을에서 나는 흙으로 주민들이 직접 구운 벽돌을 깔았다. 호텔이 필요하면 새 건물을 짓는 대신 오래된 마을의 성(城)을 개조해서 꾸몄다. 마을이 훨씬 운치 있어졌고. '슬로 시티' 운동이 알려지면서 관광객도 늘어나 주민들의 삶이 넉넉해졌다. 마을에는 실업자가 한 사람도 없게 되었다. 또한 무엇보다 큰 발전은 관광 수입 증가와 함께 삶의 질이 향상되었다는 점이다. 가령 식료품의 경우, 대형 마트에서 대량으로 사는 것이 아니라 필요할 때마다 동네 가게에 사다 먹게 되어 항상 신선한 식재료들을 섭취해 주민들이 눈에 띄게 건강해졌다. 전통적인 것들의 가치를 다시 깨닫자는 사투르니니는 '슬로'라는 개념은 단순히 '패스트(fast)'의 반대말 개념이 아니고 환경, 자연, 시간, 계절을 존중하고 우리 자신을 존중하며 느긋하게 사는 것. 이것이 더 나은 삶을 향한 진정한 '슬로(slow)'라고 말하고 있다. '빨리빨리'는 인간파괴 바이러스이며 느리게 사는 것이야말로 달콤한 인생이라고 한다.

약초밥상

삼지내 마을에 있는 약초밥상에 가면 자연을 그대로 담아내고 있는 백여 가지의 약초장아찌와 나물들을 실컷 맛 볼 수 있다. 이곳에서는 밥도 약이고 비벼먹는 장도 약이고 모든 반찬이 약이 된다. 몸과 마음을 위로하기를 바라며 정성으로 양념해 만드는 모든 음식이 약이 된다. 사계절의 기운을 가득 담아낸 한 그릇 식사는 잃었던 삶의 균형을 깨우고 자연의 힘을 회복하는 상차림이다.

음식을 담는 그릇도 정성을 다해 흙으로 구워 만들었다. 이곳에서 자연이 주는 순수한 맛을 먹어 보려면 지켜야 할 약속이 있다. 일반 식당과는 다르게 스스로 먹을 만큼만 본인이 가져와 상을 차려야 하고 남기면 절대 안 된다. 게다가 자기가 먹은 그릇은 직접 설거지를 해야 한다. 생각해보면 뭐 이런 억지 서비스가 있나 싶어 자칫 불평을 하거나 불편해할 것 같지만 손님들은 깔깔거리며 자신의 그릇을 깔끔하게 닦고 간다. 내 몸이 원하는 자연을 듬뿍 먹을 수 있었기 때문에 나도 모르게 입가에 미소가 지어지는 맛이다. 산다는 것이 만만하게 느껴지지 않아 힘이 든다면 그래서 위로가 필요하다면 이곳에 와서 힘이 나는 자연밥상으로 몸과 마음을 채워보자. 약초밥상은 개인적으로 방문해서 자유롭게 식사를 할 수 있으며 식사 이외에 천연염색된 소품이나 의복도 구입 가능하다.

아는 만큼 보여요!

삼지내 주민의 항일정신

창평읍 삼지내 상점 중에는 개인 재산을 털어서라도 일본인과 겨루어 상권을 지켰다. 창평면의 주민들도 합심하여 우리 것을 지켜내고 일본인들에게 굴복하지 않았다. 창평은 일제 강점기 때에도 일본인들이 점령하지 못한 땅으로 후대에 자부심으로 남아 있다. 심지어 부인들은 담밖에 게다짝(게다, 일본사람들이 신는 나막신) 소리가 들리면 부엌의 설거지 물이나 뜨거운 물을 담 너머로 뿌려 일본에 대한 반감을 표시했다고 한다. 창평 주재소에 근무하던 순사들이 밤이면 무서워서 잠을 자지 못하고 광주에 가서 자고 낮에만 근무할 정도로 반일정신이 뚜렷했고, 일본상회의 물건은 일체 사주지 않고 밤에 가서 때려 부숴버려 일본인들이 살지 못했다고 한다.

일본의 자본침탈을 막아낸 창평상회

일제강점기 창평 사람들은 일본이 경제적으로 조선을 무력화시키려고 했던 다양한 시도들에 맞서 굳건하게 스스로를 지켜냈다. 일본은 창평의 큰 상인들을 약화시키기 위해 창평시장의 위치를 지금의 자리로 옮겨왔다. 이후 일본은 조선의 고리대금업자들을 양성했다. 조선인들에게 돈을 저렴한 이자로 후하게 빌려주어 고리대금업을 활성화 시킨 뒤, 높은 이자로 전환하는 수법을 썼다. 갚을 수 없는 이자와 원금을 요구하여 땅과 집 등 마을의 재산을 하나 둘씩 빼앗았다. 이에 그치지 않고 마을 사람들을 상대로 일본 생필품을 팔아 높은 이익을 챙겼다. 창평의 고재환은 이러한 일본의 시장 침탈을 막아내기 위해 지금의 창평농협 자리에 창평상회를 세웠다. 민간 대출과 생필품 공급을 위해서였다. 민간 구휼을 통한 국난 극복의 뜻을 품고 창평상회가 운영되었다.

덕분에 일제의 자본이 창평에 자리 잡는 것을 막을 수 있었다. 창평상회는 일제강점기에 3·1운동을 비롯한 독립운동을 주도한 전라남도의 조선건국준비위원회의 역할도 했다. 창평주민들은 창평상회를 중심으로 빼앗긴 나라를 되찾기 위해 연령과 이념을 초월하여 일본과 맞서 싸웠다.

창평 미륵불

얼핏 보면 선비 같기도 한 창평의 미륵불은 창평 백성들을 치유하고 지켜주었던 소중한 이야기를 간직하고 있다. 조선시대 말기 전라도 담양 창평에 몹쓸 역병이 돌았다. 병에 걸리면 구토를 하고 설사를 했는데 당시 사람들은 먹을 것이 부족해 근근이 끼니를 때우던 때라 돌림병에 걸리면 바로 죽어 나갔다. 죽음의 공포가 마을을 뒤덮었고 마을 사람들은 병을 피해 떠날 준비를 할 수밖에 없었다. 그러나 누구 하나 살던 곳을 쉽게 떠나지 못하고 망설이고 있을 때 선비 한 분이 마을 사람들에게 함께 힘을 모아 이겨내자고 설득을 했다. 그러자 창평원님부터 부녀자들까지 용기를 내 병자들을 극진히 간호하였다. 힘없는 노인들은 미륵불에게 정화수를 떠 놓고 간절하게 마을의 안녕을 빌었고 그 정성이 하늘에 닿았는지 역병은 서서히 물러갔다. 담양사람들이 고난에 무너지지 않고 힘을 합쳐 희망을 찾은 것은 미륵불 덕분이었다는 이야기가 전해 온다.

 창평 미륵불 이야기

옛날옛날에
담양 창평에 전염병이 돌았다.

모두가 포기하고 있을 때,
한 선비가 용기를 북돋았다.

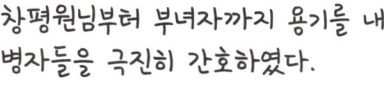
창평원님부터 부녀자까지 용기를 내 병자들을 극진히 간호하였다.

노인들은 미륵불에게
마을의 안녕을 빌었다.

미륵불이 기도를 들어주었을까?
마을에서 역병이 사라졌다.

이야기 속 미륵불은 지금도
창평에 자리하고 있다.

STORY 20
깊게 빠져드는 맛

지금은 맛집을 순례하며 찍은 음식 사진들이 SNS에 넘쳐나는 먹방 시대이다. 좀 더 예쁘고 좀 더 자극적인 음식들이 판을 치고 어느 때가 제철인지를 모르는 식재료들이 넘쳐나고 있다. 우리들이 음식 안에 무엇이 들어 있는지 더 이상 궁금해 하지 않는 동안 자신의 몸은 점점 병들어 가고 있다. 머릿속에는 온통 '오늘 뭘 먹지?' 와 '살 빼야 하는데'라는 2가지 문장으로 채워져 있고 내 몸이 무엇을 그리워하는지 잊어버린 채 휩쓸려 다니며 먹고 또 먹고 있다. 영화 〈리틀 포레스트〉의 주인공 혜원을 보면서 패스트푸드에 젖어 사는 현대인의 생활이 정신까지 황폐하게 만들고 있음을 확인하게 된다. 혜원은 고향으로 돌아와 직접 키운 농작물로 한 끼 한 끼 직접 만들어 먹으며 겨울에서 봄, 그리고 여름, 가을을 보내고 다시 겨울을 맞이한다. 그러면서 삶에 대한 깨달음을 얻는다.

기순도 전통장

패스트푸드에 대한 경각심과 함께 슬로푸드에 관심이 높아지면 비로소 모든 음식의 기본인 장이 얼마나 중요한지 알게 된다. 장을 직접 담근다면야 더할 나위 없는 일이지만 현대인의 식생활 구조로는 녹록하지 않다.

담양군 창평면 유천리 작은 마을에 있는 기순도에 가면 끝도 없이 펼쳐진 장독들이 반짝 반짝 여행자를 반겨 준다. 소나무 숲으로 둘러싸인 청정지역에 펼쳐진 천 개가 넘는 항아리는 기념사진 찍기에도 딱 좋았다. 팔도를 돌아다니다보니 장 항아리에도 각 지역의 문화가 담겨 있어 흥미롭다. 타 지역에 비해 풍요로운 생활을 해오던 전라도 항아리는 다른 지역에 비해 넉넉함이 느껴진다. 배가 불룩하고 어깨가 좁아 전라도 항아리는 달덩이 항아리라 불린다. 기순도 전통장에는 항아리마다 그득하게 장이 담아 있어 더욱 배가 불러 보인다.

안채로 들어가 우리나라 전통장 분야에서 제일로 손꼽히는 기순도 종부님을 만났다. 우리나라 종가음식은 종가의 종부 손에서 다시 다음 세대의 종부로 이어졌다. 종부는 종가의 살림살이를 맡아 종가의 대소사와 의식주를 관장했다. 예로부터 '음식의 맛은 장맛이다'라고 했듯이 우리나라의 음식은 집안의 장맛으로 좌우된다. 간장, 된장, 고추장, 청국장을 장이라고 하는데 종부는 정성으로 만든 장류를 대물림하면서 한결같은 종가음식의 맛을 고집스럽게 지켰다.

우리나라의 종가 중에서도 담양 창평고씨 양진재 종가의 음식은 특별히 맛이 깊기로 유명해 으뜸으로 손꼽힌다. 360년 된 씨간장과 죽염이 만나 만들어진 죽염장으로 음식을 만들어 깊게 빠져드는 시간의 맛이 스며있기 때문이다. 죽염장은 고경명의 14세 후손 며느리이자 고경명의 고손자인 고세태의 10대 종부인 기순도 명인이 일궈온 종가음식이다.

STORY 21
예술놀이터

담양에서 한 달 살기 여행을 하게 되니 자주 가는 곳이 생겼다. 원도심에 위치한 해동문화예술촌, 담빛예술창고, 다미담예술구 세 곳인데 점으로 이어보면 삼각형을 이룬다. 내가 부르는 이름은 예술놀이터이다. 자전거를 타고가도 좋고 천천히 걸어가도 좋을 위치에 있다. 담빛예술창고는 책을 한 권 들고 가서 차를 마시며 독서삼매경에 빠지기 좋고 나오는 길에는 조각공원의 작품 감상도 재미있다. 마침 전시관 동에서 청죽예찬 전시가 열리고 있었는데 이상하게도 유독 밥 그림 앞에서 오래 머물렀다. 먹고 사는 문제에 대해 던지는 작가의 메시지를 들어보고 싶었기 때문이었던 것 같다.

해동문화예술촌에서는 전시가 바뀌면서 작가들의 설치 과정을 조용히 지켜보기도 했고 주말에 열리는 야외 공연을 흥미롭게 관람했다. 해동주조장 맞은편에는 추자혜라고 쓴 현판이 걸려 있어 추자혜가 뭘까 궁금해 들어가 보았다. 추자혜는 백제시대 담양의 지명이었다는 것을 알게 되었다. 757년 신라 경덕왕 때는 추자혜가 추성으로 바뀌었다고 한다. 다미담예술구에서는 담양의 맛 사진전시가 관심을 끌었고 3·1운동 체험 프로그램에도 참여했다. 담양의 예술놀이터에서 놀다보니 담양에서 산다면 순수한 자연과 함께 예술로 날마다 새롭게 피어나는 꽃들을 즐감하면서 일상이 재미있을 것 같다.

해동문화예술촌

담양 원도심에 위치한 옛 주조장이 술 대신 문화를 빚어 사람을 잇는 공간으로 다시 태어났다. 해동문화예술촌 안으로 들어가 오른쪽 건물로 들어가면 옛 주조장을 이야기하는 전시가 흥미롭다. 막걸리는 누룩과 물을 섞어 발효시킨 우리나라 고유의 술이다. 막걸리는 논과 들에서 농부의 고달픔을 달래주고 잔칫날에도, 죽은 자를 보내는 날에도 늘 우리 민족과 함께 했던 오랜 벗과 같은 치유의 존재였다. 해동주조장은 개업과 함께 맛이 일품이라 담양군민의 사랑을 듬뿍 받았다고 한다. 당시에는 짐바리 자전거에 막걸리 통을 싣고 담양 곳곳을 누비고 다녔다. 그러나 음주문화가 맥주와 소주로 이동하면서 막걸리 소비의 감소로 2010년 4월 폐업에 이른다.

담양군은 2016년 이 곳을 매입하여 2019년 해동문화예술촌으로 문을 열었다. 해동문화예술촌은 해동주조장을 비롯해 담양의원, 담양읍교회를 포함하고 있다. 막걸리는 고달픈 삶을, 의원은 몸을, 교회는 영혼을 치유했다. 모두 치유라는 단어로 설명이 된다. 해동문화예술촌은 삶을 치유하는 예술로 다시 꽃 피우고 있다.

해동문화예술촌 전라남도 담양군 담양읍 지참1길 6

담빛예술창고

담빛예술창고는 문화로 지역의 미래를 디자인하고 있는 담양을 제대로 느껴볼 수 있는 장소 중 하나이다. 쌀을 보관했던 창고의 변신이 남다르다. 창고 앞마당에는 색색의 대나무 조형물이 눈길을 끈다. 1960년대 지어진 정부 양곡창고였던 남송창고는 오랫동안 방치되어 없어질 위기에 처해 있었다. 쌀을 보관하는 역할을 다했기 때문이다. 그런데 2015년 문화재생사업을 통해 쌀 대신 예술을 담는 새로운 쓸모를 찾게 되었다. 2개의 건물이 기억자로 연결되어 있는데 밖에서 보면 비슷한 높이로 보이지만 내부로 들어가면 전시관 동은 1층, 체험관 동은 2층이다. 전시관에서 예술 작품을 감상하는 즐거움과 함께 붉은 벽돌 내부공간이 주는 독특함이 매력이다.

오른쪽 건물 체험관동은 휴식과 책을 읽을 수 있는 문예카페로 운영 중이다. 안에는 792개의 대나무 파이프의 오르간이 있고 창밖으로는 관방제림 사이에 어우러진 조각공원이 예술 감성을 일깨운다. 2020년 7월 담빛예술창고 바로 옆에 담빛역사관광체험관이 문을 열었다. 1층은 예술인들의 전시와 체험교육장이 있고 2층에는 역사문화전시관이 자리하고 있다. 2015년 9월 개관한 담빛예술창고를 중심으로 담양 곳곳에서 문화의 꽃이 활짝 피고 있다.

담빛예술창고 전라남도 담양군 담양읍 객사7길 75

다미담예술구

다미담예술구는 국권침탈기에 영정통(榮町通)이 자리했던 예주(藝州) 구간과 수백 년의 역사를 가진 담양시장이 자리한 미주(美州)구간으로 나누어 있다. 어제 내린 비가 하늘까지 말끔하게 청소해줘서 너무 깨끗한 세상이라 걷는 내내 현실공간이 아닌 영화 속을 걷는 듯했다. 국권침탈기에 영정통이라 불렸던 거리는 일본인들이 요정, 상점, 숙박시설을 세우면서 늦은 밤까지 음악이 흘렀던 화려한 거리였다. 방치된 거리의 빈집을 담양군은 2016년부터 매입하기 시작해 16채를 구입했고 국토부의 도시재생 뉴딜공모사업으로 선정돼 고증과 향토자료를 바탕으로 1910년대 건축물을 재현하게 되었다. 창작 예술 공간으로 변신한 적산가옥 건물 안에는 새로운 전시를 위한 준비로 분주했다. 개인적으로 이 거리의 감동 포인트는 리모델링된 건물 사이사이에 여전히 장사를 하고 있는 가게들과 어르신들이다. 그 자체로 훌륭한 예술작품이다.

이런 풍경이 처음이라 신기한 듯 기웃거리는 여행자에게 먼저 다가와 말을 걸어주신다. 어머님이 밥은 먹고 다니냐고 나 홀로 여행자를 걱정 해 주신다. 다미담예술구는 독립서점, 음악창작 다방, 게스트하우스, 로컬푸드, 카페, 아트샵, 창작 예술 공간으로 국제 레지던시 운영, 예술작가 작업 공간 등이 있다.

다미담예술구 전라남도 담양군 담양읍 담주4길 24-45(다미담갤러리카페)

해동문화예술촌

막걸리는 누룩과 물을 섞어 발효시킨 우리나라 고유의 술이다.

해동주조장의 막걸리는 맛이 일품이라 담양군민의 사랑을 듬뿍 받았다.

당시에는 짐바리 자전거가 막걸리 통을 싣고 담양 곳곳을 누비고 다녔다고 한다.

그러나 안타깝게도 해동주조장은 2010년에 문을 닫았다.

담양군은 해동주조장을 매입하고
담양의원, 담양읍교회와 함께
2019년 해동문화예술촌으로 문을 열었다.

해동주조장 담양의원

담양읍교회

해동주조장은
술 대신 문화를 빚어 사람을 잇는
공간으로 다시 태어났다.

STORY 22
길이 말을 걸어 올 때

카페라는 이름이 더 익숙한 세대이고 보니 전국을 여행하다가 다방이라는 간판이 걸린 곳은 호기심의 대상이 되곤 했다. 그래도 선뜻 문을 밀고 들어가기 힘든 곳이 다방이다. 나이 지긋한 아저씨들이 눈을 동그랗게 뜨고 나만 볼 것 같았기 때문이다. 그래도 호기심이 발동하면 하고야 마는 성격이라 지인들과 여행 중에 식사 후 카페를 찾다가 다방이 눈에 들어와 가보자고 등을 밀어 간 적이 있다. 낯선 풍경의 다방에서 무엇을 마시면 좋을지 몰라 망설이고 있으니 쌍화차를 권해 주었는데 한 끼 식사를 해도 될 정도로 양이 많고 들어간 재료도 다양해 배가 불러 몹시 곤란했던 기억이 있다.

그래도 지나고 보니 드라마 세트장이 아닌 진짜 현실 다방에서 차를 마신 기억은 오래도록 남았다. 담양에서 골목길 산책을 하다가 정미다방이라는 이름을 발견했다. 옛 추억이 떠올라 미소가 지어졌다. 산책을 하다보면 길이 말을 걸어 올 때가 있다. '궁금해? 그렇다면 어서 들어와.' 이끌리듯 계획에 없던 정미다방 문을 열고 안으로 들어갔다. 정미다방은 다방이지만 옛 정미소를 개조하여 만든 복합문화공간이었다.

정미다방

아주 독특한 건물이다. 정감어린 허름한 건물이 새 단장을 했는데 그 조화로움이 재미있게 다가온다. 안으로 들어가는 문 옆에 붙어 있는 천변정미소라는 옛 간판은 이 자리가 과거에는 흰 쌀알이 쏟아져 내리는 정미소였음을 알려준다. 정미소란 도정공장으로 벼, 보리 등 곡물을 먹을 수 있도록 껍질을 벗기는 시설을 갖춘 곳이다. 벽에 1959년에 개업한 정미소의 옛 사진들이 걸려 있어 지나간 시간을 구체적으로 상상해 볼 수 있다. 정미소에서 사용하던 시설을 그대로 둔 채 인테리어를 해서 어디에서도 볼 수 없는 분의기를 느낄 수 있다. 차를 주문하고 자리에 앉아 끄적끄적 오늘도 이런 저런 담양 이야기를 적어 본다. 보통은 노트북에서 원고작업을 하지만 여행 중에는 걷다가 잠시 쉬어가는 공간에서 종이 위에 펜으로 적고 그린다. 정미다방은 여행정보도 제공하고 정미쌀롱도 열어 마을 사람들과 여행자들을 위해 다양한 공연을 펼치고 있다.

정미다방 전라남도 담양군 담양읍 천변2길 49

천변리 석인상

정미다방에서 나오자마자 건너편 골목길에 작은 인물상이 시선을 끌었다. 얼굴이 전체의 절반을 차지하고 있어 매우 귀여운 모습이다. 뭐지? 담벼락 앞에 마주하고 서 있는 석인상에 가까이 다가가 안내판 설명을 읽어보니 이 석인상은 조선시대 헌종 4년(1838) 당시 담양부사 홍기섭이 세웠다. 예로부터 담양의 지형이 배모양(舟形)이기 때문에 배를 움직이는 뱃사공이 있어야 한다는 풍수지리설에 따라 세운 것이라고 전하고 있다. 전라남도 문화재자료 제21호라고 하는데 주변이 깔끔하지 않았다. 뭔가 소중한 대접을 받고 있지 못하다는 인상을 받았다.

이들 두 석인상은 겉모양으로 보아 원유관을 쓰고 긴 수염이 있는 오른편이 할아버지, 탕건을 쓴 수염이 없는 왼편이 할머니라고 한다. 전해오는 이야기에 따르면 1837년 마을사람들이 돛대(객사리 석당간)가 있음에도 물질을 잘하는 뱃사공이 없어 수해가 끊이지 않는다며 청을 넣었고 이에 담양부사 홍기섭이 세웠다고 한다. 담양읍 추성로 1360에 위치한 객사리석당간이 돛대 역할을 하고 이곳의 석상이 사공이었던 것이다.

물이 넘쳐 해마다 수해의 피해를 입었던 담양 사람들이 그 까닭을 생각해 낸 상상의 설정으로 보인다. 그래도 당시에는 담양의 지형이 떠다니는 배 모양이라 움직이는 돛대와 사공이 필요하다고 믿었고 천변리 석인상은 무서운 물로부터 담양을 지켜주는 수호신이었다.

양기수 씨 집안에서는 대대로 추석과 보름에 석인상을 위한 제를 지내왔다고 한다. 그런데 양씨가 이사를 가게 되면서 마을 사람들에게 석인상에 대한 제를 부탁해 제를 지냈는데 그마저도 끊긴지 벌써 30년이 넘어간다. 오랜 시간동안 담양사람들을 지켜주던 뱃사공 노부부였는데 지금의 모습이 너무 초라해서 안타깝다.

천변리 석인상 전라남도 담양군 담양읍 천변2길 26-22

STORY 23
꽃차마을

담양특산물마켓에서 소개받은 꽃차 만드는 분을 만나기 위해 월산면으로 향했다. 담양에는 개성 돋는 농촌체험 휴양마을이 11곳이나 있다. 월산면은 그 중 한 곳으로 웃음꽃 활짝 핀 꽃차마을이다. 아름다운 꽃은 만인의 눈길을 사로잡으며 꽃향기는 발길을 멈추게 한다. 사람도 꽃과 같이 아름다운 존재가 된다면 얼마나 좋을까? 향기 나는 말과 꽃처럼 활짝 웃는 미소가 가득한 세상에 살고 싶다. 어쩌면 월산면 꽃차마을이 그런 곳이 아닐까 상상해 보며 마을에 도착해 보니 온통 꽃밭이다. 봄에는 홍매화와 왕벚꽃이 만발하여 무릉도원이 되고 여름에는 해당화와 찔레꽃 사이로 시원한 계곡물이 흐르고 가을에는 황금빛 국화로 눈이 부시고 겨울에는 따뜻한 꽃차의 온기가 가득한 곳이 월산면이라고 한다.

머루랑 다래랑

꽃차를 만드는 〈머루랑 다래랑〉의 송희자 대표를 만났다. 결혼 후 남편의 고향인 월산면으로 와서 살면서 일 년 12달 쉼 없이 피고 지는 꽃이 좋아 꽃을 따서 말리고 찌고 덖는 일을 시작했다고 한다. 어느덧 30년의 시간을 지나면서 꽃차에 관해서는 국내는 물론 해외에서도 엄지척 하는 전문가이다. 최근에는 한국의 꽃차를 세계에 알리는 일에 열정을 다하고 있다. 송희자 대표는 나에게 맨드라미 차를 권해 주었다. 꽃이 주는 메시지는 '순수한 마음을 교향곡으로 만들어 당신에게 드립니다'라고 설명해 준다. 그렇구나! 꽃이 차로 다시 되살아나면서 시(詩)가 되어 이렇게 분위기가 그윽하구나! 감탄하게 되었다. 차를 마시며 꽃에는 매운맛, 단맛, 신맛, 짠맛, 담백한 맛이 있다고 알려주신다. 이야기는 계속 이어지고 꽃차의 세계가 이렇게 다양한 스토리를 가득 담고 있는지 이곳에 와서야 알게 되었다. 영국은 홍차, 중국은 녹차와 보이차, 일본은 말차가 있는데 한국에는 꽃차가 있다고 한다. 꽃차는 한반도의 아름다운 사계절과 은은하고 조화로운 한국인의 정서, 정체성을 품고 있다고. 송희자 대표는 꽃을 먹을 수는 없을까를 생각했고 음식에 접목시키는 연구를 하고 있다. 꽃에 관한 이야기를 하자면 하루 이틀로 끝이 안 날 것 같았다. 자주 찾아뵙고 싶은 소중한 분을 알게 되었다.

머루랑 다래랑 전라남도 담양군 월산면 도동길 16

죽염비누

담양에서 한 달 살기를 하는 동안 현지인과 어울리며 즐겁게 지내고 싶었는데 코로나19로 인해 거리두기를 지켜야 해서 참으로 아쉬웠다. 길을 걷다가 마음을 끄는 예쁜 마을을 발견해도 마을 사람들에게 말을 거는 것이 조심스러워 조용히 사진만 찍었다. 그렇다고 아쉬움만 쌓고 있기에는 담양에서의 시간이 너무 아까웠다. 담양군 홍보 자료를 꼼꼼히 살폈다. 살펴보다가 궁금한 단어를 발견했다. 죽염비누? 바로 전화를 해서 약속을 하고 양지엔텍 권애경 대표를 만났다. 대나무는 자연이 우리에게 준 축복이라는 말로 인사를 대신한다. 맞는 말이다. 고대로부터 대나무는 곧고 탄력성이 좋아 집에서는 그릇으로 만들어 음식을 담아먹고 악기로 만들어 즐거운 시간을 보내고 전쟁 때는 죽창으로 만들어 사람들을 지키는 무기로 사용했다. 죽순은 식량이 되고 대나무는 쪼개서 부채를 만들었다. 오래전부터 대나무의 고장이었기에 담양의 죽세공은 전국 최고였다. 그러나 값싼 플라스틱의 확산으로 죽세공 산업은 설 자리를 잃었다. 그러나 담양은 공예품으로만 생각했던 대나무를 관광산업으로 활용하는 아이디어를 내 놓았다. 대나무 숲인 죽녹원을 만들어 연간 100만 명이 찾는 관광지가 되었다. 입장료 수익만 매년 20억 가까이를 벌어들이고 있다. 나아가 대나무를 기후변화 대비책으로 활용하는 등 생태도시를 조성하고 있다.

권애경 대표가 비누를 만들기 시작한 세월이 벌써 23년이다. 딸아이와 같은 나이라고 한다. 그 이유는 딸이 앞으로 사는 세상은 오염이 안 된 깨끗한 세상에서 살았으면 하는 바람에서 시작했기 때문이다.

담양은 영산강의 시원인 가마골 용소가 있는 곳이다. 이곳에서부터 전라도를 비옥하게 적시는 물이 시작되는데 담양에서부터 물이 오염되면 안 된다는 생각으로 생활하수가 덜 나오는 천연비누를 만들게 되었다고 한다. 죽초액 천연비누는 최상급의 식물성오일, 대나무 숯, 대나무 밭에서 자라는 죽녹차, 댓잎분말 등 천연재료를 사용하고 있다. 비누의 종류는 대나무 숯, 죽로차, 황토, 대나무, 죽염비누이다. 모든 비누에 죽초액과 천연 아로마오일을 첨가한다. 여기서 만드는 비누는 사용 후 12시간 안에 물, 탄산가스로 자연 생분해 된다. 세안비누 이외에 때비누와 주방비누도 있다. 비누를 만드는 목적이 깨끗한 세상을 만드는 것이라 판매보다는 체험 중심이라고 한다. 물건만 판매하면 쉬울 일을 굳이 체험을 고집하는 것은 스스로 생분해 비누를 만들어 지속적으로 사용하길 바라는 권애경 대표의 올곧은 마음이다. 좋은 생각이야 얼마든지 할 수 있다, 그러나 실천은 쉽지 않다. 23년이라는 오랜 시간동안 당당하게 바른 가치를 향해 가는 그녀에게 응원의 박수를 보낸다. 담양에는 나를 감동시키는 어른들이 너무 많다. 탄소제로여행에서 죽초액 천연비누 사용을 추가하고 실천하기로 결심했다.

양지엔텍 전라남도 담양군 담양읍 태봉로 97

STORY 24
판타지 소설 전우치

연동사에 갔을 때 전우치 동굴을 보고 깜짝 놀랐다. 전우치는 소설에서 만들어진 상상의 인물이라고 생각했었기 때문이다. 전우치에 대해서 책과 영화로 읽고 보면서 매우 흥미롭다는 마음이 있었다. 연동사에 와서 전우치가 담양 출신이며 실존인물이라는 것을 알게 된 후로 관심이 더욱 커졌다. 오늘날은 판타지 소설의 전성시대이다. 상상을 동원해 현실과는 다른 무엇을 만들어 내는 것을 판타지라고 한다. 그렇다면 전우치는 16세기에 만들어진 동양적 판타지 소설이다. 사람들은 왜 황당한 스토리인 판타지 소설에 열광하는 것일까?

판타지소설의 가장 큰 특징은 영웅의 탄생이다. 사람들은 자신을 구원해 줄 영웅을 기다리고 있는 것이다. 16세기 백성들은 전우치가 도술이라는 무기로 기존의 권력과 맞서는 장면을 통해 자신들을 구해줄 영웅을 만난 듯 가슴 벅찬 마음으로 소설을 읽고 또 읽었다. 이것은 일상에서 한없이 나약하기만 한 인간의 억압된 욕망을 대체하는 수단이었다. 오늘을 살고 있는 사람들도 옛날 사람들과 크게 다르지 않다. 현대인들 역시 사회에 대한 분노를 판타지 소설 속에서 힐링하고 있다. 현실에서 도피하고 싶어 하는 심리를 파고들어 이익을 남기려는 자본주의의 결과물이 판타지인 셈이다. 전우치전이나 오늘날의 판타지소설이 어느 정도 분노를 덜어내는 작용을 하고 있다는 것은 부정할 수 없지만 이 소설들은 문제의 근본적 해결책을 주지 않는다. 그저 잠시 위안이 되는 정도일 뿐이라는 점이 애석하다.

전우치는 실존인물

전우치전(田愚治傳)은 홍길동전과 같은 고전 소설이지만 실존인물 전우치의 행적을 소설화 했다는 점이 다르다. 전우치전은 필사본, 경판본, 활자본 등 다양한 판본이 남아 있다. 내용을 살펴보면 도술을 부리는 전우치의 행적은 매우 허황된 스토리라고 할 수도 있지만 전우치 소설의 탄생 배경을 살펴보면 고통스러운 민중들의 삶 속에서 한 줄기 희망과도 같은 염원이 전우치였음을 알 수 있다. 전우치전은 담양전씨(潭陽全氏) 전우치(田禹治)의 행적을 입에서 입으로 전해오다가 소설화 한 것으로 전라남도 담양군 수북면 황금리에 그에 관한 설화가 남아 있다.

기록을 살펴보면 '추성지 고지산면(古之山面) 인물조에 전우치는 원율(原栗) 사람이다. 기이한 도술을 부리므로 사람들이 그를 우객이라 하였다'고 담양 지역의 옛 지명 *원율 출신으로 기록되어 있다.

전우치가 실존인물이라고? 정말 믿기 어렵지만 전우치의 행적이 동시대의 여러 문헌자료에서 구체적으로 언급되고 있어 전우치는 진짜 담양 땅에 살았던 인물이었음이 확실하다. **이덕무(1739-1793)는 그의 저서 청장관전서 중 한죽당필기에서 전우치에 대해 아래와 같이 소개하고 있다.

*원율: 전라남도 담양 지역의 옛 지명. 본래 백제의 율지현(栗支縣)이었는데, 757년(경덕왕 16) 율원(栗原)으로 고쳐 추성군(秋成郡: 지금의 담양군)의 영현이 되었다. 940년(태조 23) 원율(原栗)로 고쳤고, 1018년(현종 9) 나주의 속현으로 삼았다. 공양왕 때에는 담양감무가 원율현까지 다스리게 되면서 폐현되었다. 이유는 술사가 많이 출현하여 폐현되었다고 한다. 지금의 담양군 용면과 금성면 지역으로 추정된다.

**이덕무: 박제가, 유득공, 이서구 등과 함께 〈건연집〉이라는 시집을 낸 영·정조 시대의 유명한 실학자이다.

전우치는 담양사람이다. 어릴 때 암자에 들어가 공부를 하였는데, 하루는 절의 스님이 술을 빚어 놓고 우치에게 잘 보아달라고 부탁하고 산을 내려갔다. 그런데 스님이 돌아와 보니 술은 간데없고 찌꺼기만 남아 있어 스님이 책망하니 우치는 아무 말도 못하고 있다가 술을 다시 빚어 주면 진짜 도둑을 잡아내겠다고 하였다. 스님은 반신반의하면서 그의 말대로 다시 술을 빚어 주었다. 전우치가 술을 지키고 있노라니 갑자기 흰 기운이 무지개같이 창문으로 들어와 술 항아리에 잠시 머물더니 술 냄새가 진동하는 것이 아닌가? 흰 기운이 시작되는 곳을 찾으니 앞산 바위굴이었다. 그 굴 속에 흰 여우 한 마리가 술에 잔뜩 취하여 자고 있었다. 전우치는 밧줄로 여우의 다리를 묶어 등에 메고 와 암자의 들보에 메달아 놓고 아무 일도 없었던 것처럼 천연덕스럽게 글을 읽고 있었다. 한참 있으니 여우가 술에서 깨어나 사람의 말로 "나를 놓아주면 그 은혜를 꼭 후히 갚겠습니다." 라고 애원하는 것이었다. 우치가 "도망가려는 수작마라. 네가 무엇으로 은혜를 갚겠느냐? 차라리 죽여 버리는 것이 속 시원하겠다." 하니, 여우가 "저에게 환술을 부릴 수 있는 비결책이 있는데 굴 속에 감추었으니 그것을 드리겠습니다. 나를 묶어 둔 채 줄의 끝을 잡고 굴 속으로 들여보내면 그 책을 찾아오겠습니다. 만약 굴 속에서 나오지 않으면 줄을 잡아당겨 그 때 죽여도 늦지 않겠습니까." 라고 더욱 애원하였다. 전우치가 그것도 괜찮겠다고 여기고 여우의 말대로 하였더니 여우가 책을 가져다주었다. 약속대로 여우를 풀어주고 책을 살펴보니 도술에 관한 비결서였다. 이해하기 쉽게 경면주사로 점을 찍어가며 수십 가지로 보았는데 어느 날 전우치의 본댁 노비가 머리를 풀고 통곡하며 찾아와 전우치의 아버지가 돌아가셨다는 소식을 전하였다.

전우치가 놀라 책을 방바닥에 버려둔 채 문 밖으로 뛰어나가 보니 갑자기 노비가 간 곳이 없었다. 그제야 여우에게 속은 것을 알고 방으로 들어가 보니 여우가 이미 주사로 점을 찍은 부분만 남겨두고 나머지는 모조리 베어가 버린 후였다.

지봉유설(芝峰類說)이나 대동기문(大東奇聞) 같은 조선시대의 각종 기록에도 전우치가 환술(幻術, 변신술·둔갑술)과 기예(技藝)에 능하고 귀신을 잘 부렸다거나 밥을 내뿜어 흰나비를 만들고 하늘에서 천도(天桃)를 따 왔다, 옥에 갇혀 죽은 후 친척들이 이장(移葬)하려고 무덤을 파니 시체는 없고 빈 관만 남아 있었다는 등 그에 관한 신비한 행적이 공통적으로 나타나 있다. 어우야담(於于野談)의 기록에서는 전우치의 행적을 자세히 기록으로 남기고 있다.

전우치는 송도의 술사(術士)로 기억하지 못하는 책이 없었다. 가업(家業)을 일삼지 않고 산수간에 마음껏 노닐며 둔갑술과 몰귀술(沒鬼術, 귀신이 되는 술법)을 얻었다. …… 이때 박광우가 재령 군수가 되었는데 전우치가 여러 책에 박식한 것을 사랑하여 아주 친하게 지냈다. 하루는 관아 동헌에 마주 앉아 있는데 박광우에게 편지와 공문이 전해졌다. 이것은 감사가 보낸 비밀한 일이었다. 박광우는 그것을 뜯어보고는 얼굴색이 변하여 급히 자리 밑으로 감추었다. 편지의 내용은 조정에서 전우치의 요술을 무척 시기하여 기필코 우치를 잡아 죽이려 한다는 것이었다. 전우치가 무슨 일인지 계속 묻자 박광우는 그 내용을 이야기하고 전우치에게 달아날 것을 청하였다. 전우치는 웃으며 "내 알아서 마땅히 처리하겠소"라고 한 후 그날 밤 목을 매어 자결하였다.

박광우는 전우치의 장례를 후하게 치러 주었는데, 2년 후 전우치가 찾아와 자신의 지팡이를 찾아갔다. 지금도 재령군에는 전우치의 묘가 있다. 전우치가 일찍이 벗의 집에 모여 술을 마시는데 좌중 사람들이 말하였다. "자네는 천도를 얻을 수 있는가?" 하니, 전우치가 "무엇이 어렵겠는가. 가는 밧줄 백 가닥만 가져오게" 하고 밧줄을 공중에 던지고 아래에 있는 동자에게 밧줄을 타고 올라가라고 명하면서 "밧줄이 다하는 곳에 벽도(碧桃, 전설상의 복숭아)가 무척 많이 열렸을 것이니 따서 던지거라."라고 말하였다. 아래에서 보고 있던 사람들이 몰려나와 벽도를 주워 먹었는데 그 맛이 인간 세상에 있는 바가 아니었다.

어우야담(於于野談)의 기록에 나오는 박광우(朴光佑, 1495~1545)는 전우치와 친하게 지냈던 실존 인물로 중종 1536년에 재령 군수를 역임하였다. 위의 내용에서 보듯이 조정에서 전우치를 죽이라는 공문을 보낸 것을 보면 전우치가 실제로 도술을 부려 매우 위험한 인물로 인식되고 있었음을 알 수 있다.

가난한 백성들의 꿈

전우치가 살았던 16세기에는 사화(士禍)가 50여년에 걸쳐 전개되면서 인재들은 정치에 실망해 지방에 은거하는 처사의 길을 선택했다. 그들은 좌절된 자신의 이상을 피안의 세계에서 찾으려 하면서 도가사상에 심취하게 된다. 홍만종(洪萬宗, 1643~1725)의 *해동이적(海東異蹟)에는 도술적인 능력을 가진 인물이 38명이나 소개되고 있다. 따라서 전우치전이 탄생하게 된 시대적 배경은 조선시대 사화라고 할 수 있다.

사화로 인해 많은 인재들이 향촌에 숨어 살면서 신선의 술법이나 신비한 도술에 큰 매력을 가지게 된다. 특히 화담 서경덕은 도가에 심취한 인물로 도술이 상당했다고 전해오는데 전우치전 후반부에 서경덕 형제와 도술을 겨루다가 굴복한 후 함께 산중에 들어가 도를 닦으며 만년을 보냈다는 것으로 이야기는 끝을 맺고 있어 전우치가 서경덕의 영향을 받았음을 확인할 수 있다. 도술이라는 무기로 기존의 권력과 맞서 싸우고 황금들보 팔아 가난한 백성들에게 골고루 나눠주는 소설 전우치전은 가난한 백성들의 꿈이 전우치를 소설 속 주인공으로 다시 태어나게 했음을 알 수 있다.

전우치와 연동사 그리고 추성주

전우치 이야기 속에 전우치가 어릴 때 암자에 들어가 공부를 했다는 내용이 나오는데 바로 그곳이 연동사이다. 스님들이 약으로 만들어 먹던 술을 몰래 먹은 여우를 잡아 도술을 익힐 수 있었던 바위굴은 지금도 전우치 동굴법당이라는 이름으로 남아있다. 술 맛이 너무 좋아 마시면 신선이 된다 해서 제세팔선주(濟世八仙酒)라고 불렸던 연동사의 곡차는 현재 담양군 용면에 있는 양조장 추성고을의 양대수 대표가 재현해서 추성주라는 이름으로 판매하고 있다.

*해동이적(海東異蹟): 해동이적은 홍만종이 지은 문학 평론집으로, 문학 평론을 비롯해 우리나라의 역사, 유·불·선에 관한 일화 등 다양한 내용을 담고 있다. 서울대학교 규장각 소장.

전우치전

전우치는 담양사람이다.
어릴 때 연동사에 있는
암자에 들어가 공부를 하였다.

연동사의 스님들이 건강을 위해
빚어 마시던 곡차를
몰래 먹은 흰 여우를 잡았다.

여우는 약속대로 책을 가져다주었다.
전우치가 책을 살펴보니
도술에 관한 책이었다.

전우치는 후에 도술로써
세상에 크게 이름을 떨치게 되었다.

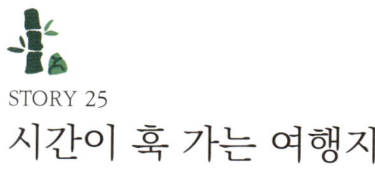

STORY 25
시간이 훅 가는 여행지

아침에 눈을 뜨자마자 방문을 열고 거짓말 같은 풍경에 조용히 멈춰본다. 30일이라는 여행 기간 동안 지루하면 어쩌나 걱정을 했는데 시간이 책장을 넘기듯 훅 가버렸다. 아이디어가 많은 사람은 자신이 원하면 모든 생각 스위치를 내리는 음소거 장치가 있다고 한다. 어디에 있든 번잡한 생각들을 일순간 정지시키고 자신을 완벽하게 제로상태로 놔둔다. 그릇은 비워야 담을 수 있는 것과 같은 이치이다. 그래서 자신의 무한한 능력을 끌어내기 위해서는 스스로를 그냥 조용히 던져둘 시간이 필요하다. 괴로움을 생산하는 많은 생각들을 멈추게 하고 싶다면 산행이 좋다. 산을 좋아하는 사람은 지혜로운 사람이 된다는 말이 있다.

왜 산을 다니면 지혜로운 사람이 된다는 걸까 생각해 보았는데 내가 내린 결론은 산이 지혜를 가르쳐 주는 것이 아니라 걸으며 만나는 순순한 자연과 깨끗한 공기가 내 안의 번뇌를 잊게 해서 자연스레 제로 상태가 되기 때문에 지혜를 가지게 되는 것이다. 담양은 병풍을 두른 듯 산이 펼쳐져 있어 산행을 좋아 하는 사람이라면 매일이 즐거운 고장이다. 명산들이 많은데 그 중에서도 제일은 전라남도 5대 명산이며 담양의 3대 자연유산인 추월산이다.

추월산

담양읍에서 북쪽으로 14km쯤 가면 산림청의 100대 명산인 추월산(秋月山)이 있다. 추월산의 의미를 풀어보면 가을밤 보름달이 봉우리에 걸려 기울어지지 않는다는 뜻으로 산 이름이 한 편의 시가 떠오르는 낭만이 있다. 산을 올려다보면 가파르고 높은 산의 위용에 짐짓 주눅이 든다. 산세가 급하고 기암괴석이 많아 오르기 힘든 산처럼 보이기 때문이다. 그러나 막상 산행을 시작해 오르다보면 포근한 느낌을 주는 산으로 생각했던 것보다 어렵지 않아 연중 등산객이 끊이지 않는다. 산의 이름도 특별하지만 담양읍에서 추월산을 바라보는 산의 모습은 더욱 특별하다. 부처님이 옆으로 비스듬히 누워있는 모습을 하고 있어 와불산(臥佛山)이라고도 불린다. 추월산에 누워있는 형상이 깨어 일어나면 나라를 위해 큰일을 할 영웅이 태어난다는 전설이 오래전부터 내려오고 있다. 추월산은 각종 약초가 있고 진귀종인 추월난이 자생하는 산으로 유명하다. 그 가치를 인정받아 산 전체가 전라남도 기념물 제4호로 지정되었다.

봄이 한창일 때 추월산에 오면 상큼한 향기의 두릅을 맛볼 수 있고 진달래와 벚꽃이 흐드러져 산행의 멋을 돋운다. 하늘을 향해 힘껏 솟아있는 나무가 터널을 이뤄내며 여행자들의 더위를 잊게 해주는 여름 산행도 추천할 만하다. 추월산은 산림이 잘 보존돼 있는 것이 무엇보다 큰 매력이다. 그러나 산을 좋아하는 사람들은 이름에서부터 가을 느낌이 가득한 가을의 추월산을 가장 사랑한다. 추월산에 가을이 찾아오면 낮에는 단풍으로 불타는 산이 담양호에 비춰 그 흥을 돋우고 밤이면 능선을 따라 걷는 듯한 달이 사람들의 시심(詩心)을 흔든다. 가을 여행지 중 으뜸인 추월산은 줄을 이어 산을 오르는 인파들의 옷차림으로 붉은 산자락이 더욱 알록달록해진다.

추월산 전라남도 담양군 용면 추월산로 981

🌳 **추월산 등산로(2.5km, 총소요시간 1시간 20분)**

보리암

추월산은 주차장에 위치한 입구에서 산행을 시작해 보리암 중수비를 거쳐 보리암을 지나 정상으로 향하는 제1등산로 코스가 일반적이다. 산 중턱에 다다르면 깎아지른 절벽에 제비집이 얹힌 듯 있는 암자 보리암(菩提庵, 문화재 자료 제19호)이 있다. 고려시대 때 보조국사 지눌은 지리산 천왕봉에서 나무로 매 세 마리를 만들어 날려 절터를 잡았다고 한다. 매가 앉은 자리에는 호남의 대 사찰인 순천 송광사와 장성 백양사가 세워졌고 마지막으로 이곳 추월산에 새가 앉아 보리암을 지었다고 전해 온다. 보리암이 규모는 작지만 얽힌 전설을 살펴보면 의미가 매우 큰절임을 알 수 있다. 보리암을 지나 300m 가량을 더 오르면 가뭄에도 절대 마르지 않는 약수터가 나온다. 시원한 물 한 모금을 마시고 30여분을 더 오르면 비로소 정상 보리암봉(697m)에 다다른다.

정상에서 내려다보는 담양호 풍경은 담양호와 금성산성이 어우러져 탄성을 자아낸다. 이제 정상에서의 즐거움을 만끽했다면 돌아올 때는 북동릉을 타고 월계마을을 거쳐 출발점으로 다시 돌아 내려온다. 내려올 때는 미끄러지지 않도록 주의해야 하는데 그 이유는 호수의 물안개로 바위들이 젖어 있기 때문이다. 지금의 추월산은 가을밤 달빛에 취하고 단풍에 물드는 풍경이 마냥 아름다운 한 폭의 풍경화이지만 과거에는 금성산성과 함께 아픈 역사를 겪었던 슬픔의 땅이었다. 임진왜란 때는 치열한 격전지였다. 보리암에는 당시 의병장 김덕령 장군의 부인이 왜군에게 쫓기다 순절한 터가 있고 그를 기리는 비문이 바위에 새겨져 있다. 동학혁명 때는 세상 바꾸기를 꿈꾸던 농민군들이 처절한 전투를 벌였던 곳이기도 했다. 마지막 1인까지 항거하며 산을 피로 물들였다고 한다. 한국전쟁 때는 빨치산이 숨어들어가 쫓기던 곳으로 굴곡 많은 역사의 현장이다.

松江先生 續美人曲 李周洪

STORY 26
문학여행지

대쪽같이 올곧은 선비정신을 이어받은 조선시대 사림(士林)들은 담양에 내려와 누각과 정자를 짓고 자연을 벗 삼아 시문을 지어 노래하며 살았다. 한문이 주류를 이루던 때에 국문인 한글로 시(詩)를 지었다. 송순의 면앙정가, 정철의 성산별곡, 관동별곡, 사미인곡 등 무수한 가사가 담양에서 쏟아지면서 담양을 *가사문학의 산실이라고 부르게 되었다. 담양군에서는 가사문학의 전승·보전과 현대적 계승·발전을 위해 2000년 10월에 가사문학관을 남면 지곡리에 개관하였다. 한 장르의 시가를 집대성한 문학관은 담양에 있는 한국가사문학관이 유일하다.

가사문학관 본관은 지하 1층과 지상 2층으로 이루어져 있으며, 전시실, 수장고, 세미나실, 장서실, 자료실, 문화사랑방 등의 시설을 갖추고 있다. 가사문학관에는 송순의 면앙집과 정철의 송강집, 담양권 가사 18편을 비롯하여 가사 관련 도서 4,500여 권과 유물 200여 점, 목판 535점 등 귀중한 유물이 전시되어 있다. 또한 문학관 주변에는 식영정, 환벽당, 소쇄원, 송강정, 면앙정 등 호남 시단의 중요한 무대가 자리 잡고 있어 가사문학관과 함께 둘러보면 가사문학을 테마로 한 문학여행이 된다.

가사문학의 꽃

조선시대 최초의 가사는 정극인(丁克仁)의 상춘곡(賞春曲)이다. 단종이 세조에게 왕위를 빼앗기자 벼슬을 버리고 전라북도 정읍시 태인면에 돌아와 지은 것으로, 속세를 떠나 자연에 묻혀 봄 경치에 안빈낙도하는 생활을 노래했다. 정극인의 상춘곡 이후로 가장 주목할 만한 가사인 송순(宋純)의 면앙정가(俛仰亭歌)는 담양에서 지어졌다. 명분을 중시하던 조선시대 사림들은 모순된 정치 현실을 피하여 따뜻한 기후와 인심이 넉넉한 담양에 누정을 짓고 시단(詩壇)의 결성하고 교류하면서 주옥같은 시가문학을 창작하였다.

조선시대 중종 때 이서(李緖)의 낙지가(樂志歌)를 필두로 1884년 정해정의 민농가에 이르기까지 담양권 가사문학의 제작은 끊임없이 지속되었다. 담양에서 가장 먼저 지어진 이서의 낙지가는 서사·본사·결사의 3단 구성으로 되어 있다. 전체 내용은 중국의 처사(處士) 중장통(仲長統)의 삶을 흠모하여 권력 등 세속의 영화와는 멀리한 채 자연과

함께 하는 ***안빈낙도의 삶을 노래한 가사이다. 송순의 면앙정가 역시 그 내용은 서사·본사·결사의 3단 구성으로 되어 있다. 가사의 내용은 면앙정이 있는 제월봉의 형세와 면앙정의 모습을 그린 다음, 그 주위의 아름다운 경치를 근경에서 원경으로 묘사하고 봄·여름·가을·겨울 사계절의 변화에 따라 짜임새 있게 묘사하였다. 그러면서 이러한 절경에서 묻혀 노니는 지은이의 마음을 노래하였다. ***강호가도를 확립한 노래로, 정극인의 상춘곡의 계통을 잇고, 정철의 성산별곡(星山別曲)에 영향을 주었다. 이 작품은 작가 자신이 속세를 떠나 숨어 사는 생활을 노래한 것으로, 자연의 아름다움과 자연에서 얻어지는 흥취를 사계절의 변화에 따라 읊고 있다.

면앙정가는 송순이 늦게까지 벼슬하다가 말년에 벼슬에서 물러나 귀향하여 전남 담양의 제월봉 아래에 면앙정을 짓고, 여러 문인들과 교류하면서 산수의 아름다움에 몰입하였는데, 그때의 풍류생활을 읊은 가사이다. 호남 가단을 처음 마련하였으며, 도리보다 풍류를 더 사랑했던 지은이는 상춘곡에서 본을 받고 성산별곡에 영향을 준 이 작품을 지어 가난에 구애받지 않고 평안하게 즐기는 마음으로 살아가는 삶, 조선시대 강호가도를 확립하였다. 시에 나타난 도가 사상의 중요한 특성은 인간이 자연과 일체를 이룸으로써 최고선에 도달하고자 하는 데 있다. 특히, 이 작품은 수사법의 보고라고 할 만큼 다양한 표현 방법, 즉 의인, 직유, 반복, 은유, 대조, 상징, 설의, 번어, 대구법 등이 사용되었다. 이 중에서 대구법은 자연의 아름다움이나 그 본질을 표현할 때 특히 많이 사용되었다.

정철은 담양에서 대표적인 가사 성산별곡(星山別曲), 관동별곡(關東別曲), 사미인곡(思美人曲), 속미인곡(續美人曲)을 지었다. 속세를 떠나 자연 품 안에서 사는 선비의 풍류를 우리말의 어감을 한껏 살려 훌륭하게 드러내었다. 관동별곡은 당쟁으로 담양에 물러나 있던 정철에게 강원도 관찰사가 제수되자 그때의 기쁨과 관동 지역의 승경 탐승으로 고조된 정서를 진솔하게 읊었는데, 작자의 풍류와 함께 관료로서의 포부 및 연군의 정을 우리말의 묘미를 유감없이 살려 4단락에 나누어 매우 적절하게 노래했다는 평을 받고 있다. 사미인곡 또한 성산별곡처럼 6단 구성으로 되어 있다. 서사 · 춘원 · 하원 · 추원 · 동원 · 결사 등이 시간의 순서에 따라 전개되어 있다. 그 내용은 임과 이별을 한 어떤 여인의 입장을 빌어 불우한 자신의 처지를 노래하였는데 속미인곡과 함께 충신연군지사(忠臣戀君之詞)의 백미라고 칭송받고 있다.

가사문학관 전라남도 담양군 남면 지곡리 가사문학로 877번지

*가사문학의 산실: 조선시대 한문이 주류를 이루던 때에 국문으로 시를 제작하였는데, 특히 전남 담양은 가사문학이 크게 발전하였다. 이서의 「낙지가」, 송순의 「면앙정가」, 정철의 「성산별곡」·「관동별곡」·「사미인곡」·「속미인곡」, 정식의 「축산별곡」, 남극엽의 「향음주례가」·「충효가」, 유도관의 「경술가」·「사미인곡」, 남석하의 「백발가」·「초당춘수곡」·「사친곡」·「원유가」, 정해정의 「석촌별곡」·「민농가」 및 작자 미상의 「효자가」 등 18편의 가사가 전승되고 있어 담양을 가사문학의 산실이라고 부른다.
**안빈낙도(安貧樂道): 살림은 넉넉하지 않지만 가난에 구애받지 않고 평안(平安)하게 즐기는 마음으로 살아가는 삶을 말한다.
***강호가도(江湖歌道): 조선시대 때 속세를 떠나 자연을 벗하며 시가(詩歌)를 지으며 살았던 생활방식이다.

STORY 27
용의 전설

담양을 다니다 보면 지명은 물론이고 마을과 사찰 그리고 건너다니는 다리에도 임금에 비유될 만큼 신성시되었던 용(龍)과 관련된 이름이 많다. 용은 상상의 동물로 상서로운 존재이다. 사람들은 한 번도 보지 못한 용을 높고 귀하게 여겼다. 그런 용이 담양에서는 가는 곳마다 이야기를 품고 있다. 용소, 용마루길, 용추봉, 용면, 용구산, 용흥리, 용연리, 용흥사, 용화사, 용교 등이 있다. 담양장을 가기 위해 건너는 만성교는 용 부부가 만들어 준 다리라는 이야기가 전해 온다. 심지어 담양호를 만들고 보니 하늘로 승천하지 못한 황룡의 모습이라고 지역 주민들은 소개한다. 이번에 담양에서 바쁠 일 없이 한 달을 살아보니 이전에는 발견하지 못했던 담양의 이미지를 알게 되었다. 담양은 전체적으로 용의 신성한 기운이 스며있는 고을이었다.

용흥사

담양군 월산면 용흥리 용구산에 위치한 용흥사(龍興寺)는 백제 침류왕 1년(384) 인도승 마라난타 존자가 초암을 지어 창건한 이후 5차례에 걸쳐 중창과 복원을 했다고 전한다. 임진왜란(1592~1598) 때 전란으로 불에 탄 것을 진묵, 응준, 쌍인, 혜중대사가 20년간의 노력 끝에 중창해 호남에서 제일가는 가람으로 만들었다. 조선시대 숙종(재위 1674~1720) 때 영조의 생모 숙빈최씨가 이 절에서 기도한 뒤 연잉군(훗날 영조)이 탄생했다. 이후 절 이름을 몽성사에서 용흥사로 바꾸어 불렀다. 이때부터 50여 년간 절이 발전하여 한때 산 내 암자만도 7개나 있었고 큰스님도 머무르며 불법을 펴는 등 큰 가람이었다. 그러나 19세기 말에 의병의 본거지로 쓰이다가 불에 타 사라지고 말았다. 이후 1930년대에 백양사 승려 정신(定信)이 대웅전과 요사채(승려들이 거처하는 집)를 세웠으나 한국전쟁(1950~1953)을 거치면서 사찰 내 모든 건물이 또다시 전소되었다. 이후 다시 대대적인 불사를 일으켜 1988년 전통사찰로 지정되었다. 절 입구에는 팔각원당형 부도로 조성된 용흥사부도군(지방유형문화재 제139호)이 있고

유물로는 조각기법이 매우 뛰어난 용흥사 동종(지방유형문화재 제90호)이 보존되어 있다.

용흥사 전라남도 담양군 월산면 용흥사길 442

용화사

용화사(龍華寺)는 1934년 차학신 스님이 백양사 포교당으로 출발한 것이 효시이다. 어려운 여건상 민가에 사찰이 팔렸다가 묵담 스님이 담양군 담양읍 남산리 106번지에 사찰을 다시 창건해 사호(寺號)를 용화사로 하였다. 한국전쟁을 겪는 동안 본법당인 관음전은 반란군에 의해 불타 없어졌으나 부처님의 서적, 불상, 묵서 등은 땅속 항아리에 보관하여 다행히 유실을 막아 용화사에 모셔졌다. 용화사에서 빠뜨리지 말고 봐야 할 유물은 보물 제737호로 등록된 불조역대통재로 중국 원나라의 염상이 편술했다. 내용은 석가여래의 탄신으로부터 원나라 원통 2년(1334)까지의 역대 고승대덕들에 대한 전기를 편년체로 수록한 것으로 성종 3년(1472)에 김수온(1409~1481)이 옮겨 썼다. 그밖에 250년 전 연담스님이 쓰신 불교 관련 논문집 100권이 보관되어 있으며 추사 김정희의 글씨, 조선 말기 황실에서 사용하던 장엄 장신구와 각종 패물 등 소중한 자료들이 다수 용화사에 소장되어 있다.

용화사 전라남도 담양군 담양읍 남촌길 77

용추사

전라남도 담양군 용면 용연리 용추산 용추봉에 위치한 용추사(龍湫寺)는 백제 성왕 1년(523) 혜총과 혜증 두 스님이 함께 창건하였다고 전해진다. 이후 선조 25년 (1592) 임진왜란 때 용추사 주지로 있던 태능(太能)이 승병을 모아 왜군과 싸웠다. 이때 금성산성에서 활약하던 김덕령(金德齡) 장군과 합세하여 싸우면서 왜군이 용추사에 불을 질러 사찰 건물 모두를 불태워버렸다. 임진왜란 이후 인조 8년(1630)에 태능이 대대적인 중창을 하였다. 1905년 이후에는 최익현(崔益鉉) 등 의병들이 모이던 호국사찰이었다. 그러나 한국전쟁이 일어나 1949년에 북한군들이 이 절을 점거하자 국군이 전략상 절을 소각한다. 그 뒤 1961년에 이르러 본래의 절터로부터 위쪽으로 300m가량 올라간 곳에 중건하였다. 현존 건물로는 법당과 요사채(승려들이 거처하는 집) 만이 남아 있으며, 유물로는 전라남도 유형문화재 제138호로 지정된 용추사부도군이 유명하다. 용추사 근처에는 조선시대로 확인되는 기와 가마터가 발견되었다. 용추사 증건 당시 사용된 가마로 확인되어 주변에 있는 가마골이라는 지명과 연관된 것으로 보고 있다.

용추사 전라남도 담양군 용면 용소길 268-190

보광사

보광사(普光寺)는 전라남도 담양군 금성면에 있는 황대산 기슭에 자리 잡은 사찰이다. 1905년 거사(居士) 김기춘이 창건하여 수행처로 삼아 창건했다. 1942년 김기춘의 아들인 도광(導光)과 도천(道川)이 중창하고 선방(禪房)을 열어 많은 선승(禪僧)을 배출하였다. 그중에서도 종단의 큰 스님 송담이 도를 이룬 곳으로 유명하다. 그 밖에 근현대 불교계를 이끌었던 많은 고승들이 젊은 시절 기도와 수양을 위해 머물던 곳으로 지금도 스님들이 수행 정진하고 있다. 보광사는 기도 및 수양처로 남아있기를 희망하여 사찰 분위기도 선방답게 조용하다. 화엄사 문도의 발상지이자 도광, 도천, 송담스님의 수행도량이었던 담양 보광사는 청명한 날에는 저 멀리 지리산 반야봉이 보이며 새벽녘 보광사 일주문에서 바라보는 광경은 빼어난 경관을 자랑한다. 사찰의 대웅전과 일주문은 각각 경기도 안양시 용화사와 여주시 신륵사의 것을 가져와 복원하였다.

보광사 전라남도 담양군 금성면 외추리 171

STORY 28
마음공부

죽녹원에서 관방천으로 내려가는 출구를 이용하면 왼편으로 담양향교가 있다. 향교는 조선시대 국립학교로 지역의 인재를 양성하는 중요한 역할을 했다. 향교에서 공부를 한 어린 인재들은 성장하여 선비가 된다. 조선시대 선비정신이란 선비의 마음을 의미하는데 선비들은 하루를 보낸 후 자신의 마음을 다스리기 위해 매일 세 가지를 반성하는 명상의 시간을 보냈다.

첫째, 다른 사람을 위하여 어떤 일을 도모할 때 진심을 다했는지 반성한다. 둘째, 친구와 더불어 사귈 때 믿음을 주지 못했는지를 반성한다. 셋째, 스승에게 전수 받은 것을 제대로 익혔는지 반성한다. 이는 자신과 친구 그리고 다른 사람들에 대한 반성이었다. 선비는 종이책으로 하는 공부보다 마음공부를 중요시했다. 따라서 선비란 아는 것을 실천하는 사람을 말하는 것으로 머리 공부뿐 아니라 몸 공부의 중요성도 강조하였다. 선비의 하루를 살펴보면 매우 규칙적이고 성실하게 이루어져 있음을 알 수 있다. 또한 그림을 그리며 몸과 마음을 수양하고 자연을 통해 순리를 배우며 놀 때에도 예절을 지키고 올바른 자세와 공정한 법칙을 적용했다. 그들에게 가장 많은 부분이 독서였으며 몸과 마음을 건강하게 유지하기 위해 명상과 산책을 즐겼다. 스스로 자신의 시간과 삶을 통제할 수 있었던 조선시대 선비의 모습은 이 시대에 지식인들에게 내 마음을 돌보는 마음공부를 하고 있는지 묻게 된다.

담양향교

고려에서 조선시대로 넘어오면서 향교에 대한 관심과 지원이 강화되었다. 조선을 건국한 태조는 향교의 흥폐로 해당 지역 수령을 평가하는 기준으로 삼았을 정도로 지방 교육에 비중을 두었고 태조 7년(1398)에 이르러서는 중앙에 성균관을 세우고 지방에는 향교 설치를 적극 장려한다. 이때 담양향교도 창건되었다. 고려 충혜왕 때 설립되었다는 설도 있으나, 담양향교지에 의하면 본격적인 건물 창건은 조선 태조 7년(1398)이었다고 전하고 있다.

그 후 정조 18년(1794) 부사 이헌유가 다시 세웠고, 순조 7년(1807)에 부사 안정헌이 고쳐 지어 오늘에 이르고 있다. 〈동국여지승람〉이 편찬된 성종 12년(1481)에는 전국에 일읍일교(一邑一校)의 체계를 갖추게 된다. 향교는 조선시대에 매우 활성화된 국립학교로 중종 25년(1530)에 간행된 〈신증동국여지승람〉을 보면 전국에 329개소의 향교가 있었다고 한다.

당시 향교의 기능은 문묘(文廟) 선현봉사, 강학(講學), 교화(教化)였다. 첫 번째 기능은 공자와 선현들에게 배향하는 것으로 문묘란 문선왕묘(文宣王廟)로 문선왕(文宣王)은 공자(孔子)를 의미한다. 따라서 향교에서는 대성전(大成殿)이 없으면 향교라고 할 수 없다. 두 번째 기능인 강학 공간에는 명륜당(明倫堂)이 있는데, 이것은 '사람의 윤리를 밝히는 집'이라는 의미이다. 주로 학생들이 공부하거나 토론을 하는 장소로 이용했다. 명륜당을 중심으로 양옆에 학생들의 기숙사인 동재(同齋)와 서재(西齋)가 있다. 공부에 전념하기 위해 기숙사 생활을 했는데 보통 선배가 동재 생활을 하고 후배는 서재에서 생활했다. 세 번째 기능인 교화는 지방의 풍속을 바로잡고 유교적 이념에 입각한 지역사회의 교화 역할을 하였다. 향교의 입지는 교육의 기능이 중요시되었기 때문에 조용하고 자연풍광이 좋은 지역에 자리를 잡아 건축했다.

보통 고을을 약간 벗어난 배산임수의 명당에 위치하는데, 주로 관부(官府)를 중심으로 읍성 밖의 한적한 구릉지에 배치되었다. 관부와의 거리는 1리에서 3리 정도의 가까운 거리에 위치했다. 우리나라 향교 배치의 정형은 문묘인 대성전이 배치의 처음에 나타나고 강학 기능이 뒤에 배치되는 전묘후학(前廟後學)이다. 이때 배치의 개념은 전前-후後의 유교질서이며 평지에서의 배치수법이었다. 경사지에는 전학후묘(前學後廟)의 배치로 변형을 했다. 전학후학은 강학(講學) 기능의 명륜당이 배치의 처음에 나타나고 문묘인 대성전이 명륜당 뒤에 배치된다.

경사진 곳에서는 위쪽에 중요한 가치가 있다 여기는 상(上)-하(下)의 유교질서가 표현되고 있는 것이다. 담양향교는 경사가 심한 관계로 전학후묘(前學後廟)의 배치를 하고 있다. 지형을 5단으로 정리하여 남북방향으로 외삼문(外三門), 명륜당(明倫堂), 내삼문(內三門), 대성전(大成殿)순으로 건축했으며 동·서무(東·西廡)는 좌우대칭을 하고 있다. 그 밖에 서재(西齋), 고직사(庫直舍) 등이 있으며 외삼문 밖 150여m 거리에 하마비가 있으나 홍살문은 없다. 동재, 육영재, 사마재, 전사청 등은 고종 31년(1894) 이후에 허물어져 없어졌다.

담양향교 전라남도 담양군 담양읍 향교리 323

창평향교

담양군 고서면 교촌길에 위치한 창평향교(昌平鄕校)에 도착하면 높은 키의 은행나무가 창평향교를 지키는 수문장처럼 서 있다. 그 이유는 향교를 설립할 때 행단(杏壇)을 중요한 조경수로 심었기 때문이다. 그래서 전국 향교 어디에 가든 잘 보이는 곳에 은행나무가 있고 은행나무의 수령으로 설립시기를 유추해 볼 수 있다. 과거 행목(杏木)은 유학자를 상징하는 나무였다. 여기서 행(杏)이라 하면 은행나무와 살구나무를 지칭하는 한자로, 행단은 공자가 제자들을 가르치던 중국 산동성 곡부현의 성묘 내 유적에서 연유한다. 이후 행단의 의미는 '선비가 머물며 공부하는 곳'이라는 별칭이 되었다. 향교건축은 어느 지역이나 비슷한 모습의 배치와 평면 형식을 보이는데 그것은 국가기관의 건축이어서 설립기준이 같았기 때문이다.

창평향교는 읍지에 조선시대 정종 1년(1399)에 창건되었다고는 하나 확실하지 않다. 성종 10년(1479)에 현 위치로 옮겼는데 안타깝게도 임진왜란 때 건물이 모두 불타 없어졌다. 숙종 15년(1689)에 현령 박세웅이 창평향교를 재건하였다. 향교에는 현재 대성전, 명륜당, 동재, 서재, 내삼문, 외삼문, 고직사 등이 있다. 건물 배치를 살펴보면 경사진 땅에 대성전, 내삼문, 명륜당, 외삼문 순으로 자리를 잡고 있다. 창평향교는 조선시대 창평 지역의 인재양성을 책임지었던 교육공간으로 역사와 전통을 인정받아 1985년 2월 25일 전라남도 유형문화재 제104호로 지정되었다.

이후 창평향교 명륜당은 2020년 2월 28일 문화재청으로부터 보물 제2100호로 지정되었다.

창평향교 전라남도 담양군 고서면 교촌길 43-11

아는 만큼 보여요!

조선시대 백년지대계 향교

1. 조선시대 교육기관

조선시대 교육기관으로 중앙에는 문과를 준비하는 고등교육기관인 성균관과 문과 예비시험인 생원과 진사시를 준비하는 초중등교육기관에 해당하는 중앙의 사학(四學)이 있었다. 지방에는 향교를 관학(官學)으로 육성하였고 사학으로는 서원(書院)과 서당(書堂)이 있었다.

2. 우리나라 향교의 이해

향교(鄕校)란 조선시대 국가에서 세운 교육기관이다. 국가에서 세운 교육기관으로는 조선시대 수도였던 한양의 성균관과 지방의 향교로 나누어진다. 국가에서 세운 교육기관을 관학(官學)이라고 하는데 각 지방에 관학이 세워진 것은 고려시대부터이다. 고려시대에는 삼경(三京)과 12목(牧)이라고 하는 군현(郡縣)에 박사와 교수를 보내서 교육하였는데 이것이 관학의 시초이자 우리나라 향교의 출발이다. 고려시대에 관학을 세운 목적은 지방의 인재들을 양성해 강한 나라를 만들기 위한 것이었다. 향교에 대한 중국의 기록을 살펴보면 *춘추좌전 양공(襄公) 31년에 정나라 사람들이 향교에서 교유하여 정치하는 일에 대해 논의하였다는 기록이 있다. 따라서 향교라는 말은 중국의 춘추시대 공자가 살기 이전부터 쓰였던 개념이다. 우리나라에서 초기 향교를 살펴보면 직접적으로 향교를 언급한 단어는 발견되지 않지만 〈고려사절요〉의 기록에 왕이 지방에 행차해 학교를 세웠다는 기록이 남아있다. 실제 향교라는 말이 나오는 기록은 고려 인종 20년(1142)에 '지방에 있는 생도들은 각기 계수관(界首官) 향교에서 부시를 증명하도록 하였다'고 나온다. 따라서 고려 인종시대부터 오늘날의 향교가 만들어졌음을 알 수 있다.

*춘추좌전(春秋左傳): 중국 공자(孔子)의 〈춘추(春秋)〉를 노(魯)나라 좌구명(左丘明)이 해석한 책이다.

3. 순 우리말 선비

조선시대 선비들은 모여 당쟁만을 일삼아 결국 나라를 망하게 했다는 오해가 있다. 그것은 일제 강점기 식민교육의 영향으로 우리 민족의 자존감을 한없이 깎아내리려 했던 일본의 왜곡된 역사관의 결과이다. 선비에 대해 좀 더 자세히 살펴볼 기회가 있다면 우리 선조들이 추구했던 선비란 단순히 학식이 높거나 관직에 높이 오른 권력가가 아니고 성품이 올곧은 사람, 사람다운 사람, 남을 배려하는 사람, 자기 이익만을 바라지 않는 사람이었다. '선비'라는 말의 어원을 찾아보면 세종대왕이 한글을 창제하면서 만든 〈용비어천가〉에 최초로 등장한 순우리말로 '어질고 지식이 있는 사람'을 뜻한다.

4. 돈 걱정 없이 공부에만 전념했던 조선시대의 학생들

역사적으로 살펴보면 우리 민족은 매우 오래전부터 교육을 중요시했고 따라서 학문의 수준이 주변 국가들이 감탄하고 존경할 만큼 높았음을 알 수 있다. 고구려의 태학박사, 백제의 오경박사, 신라 거칠부의 국사 편찬 등은 당시 한문학이 얼마나 발전했는지를 보여준다. 고구려 소수림왕 2년(372)의 태학(太學) 설립은 유교적 교육의 효시가 되었고 경당 설립은 지방교육의 최초 기록이다. 고려의 국학은 태조부터 성종 11년(992)까지는 경학(京學), 성종 11년부터는 국자감(國子監)으로 명칭이 바뀐다. 국자감은 나라의 아들 즉, 동량(棟梁)을 키운다는 의미로 이후 성균관으로 이름이 바뀌어 조선까지 이르게 된다. 조선을 건국한 태조는 교육을 매우 중시한 왕으로 국가에서는 각 군현에 향교를 세우고 교사인 박사들을 파견했고 향교 운영에 필요한 비용을 제공하였다. 따라서 향교의 운영 및 학생들의 교육에 드는 비용을 모두 국가에서 부담하는 것이 원칙이었고, 향교의 봄가을 석전제 등 제례비용까지 제공하였다. 학생들에게 주어지는 특권은 군역면제와 과거응시기회가 주어졌으며 당시 16세부터 40세까지 다양한 연령대가 향교에 기숙하면서 함께 공부를 했다. 조선시대 공부를 하는 학생들은 교육비는 물론이고 기숙사 등 모든 비용이 국비로 제공되어 돈 걱정 없이 공부에만 전념했고 군대도 면제되는 혜택을 받았다. 조선의 왕들은 교육이 국가의 백년지대계(百年之大計)임을 인식하고 실천했던 것이다.

담양의 향교

고려에서 조선시대로 넘어오면서
향교에 대한 관심과 지원이 강화되었다.

향교에서 공부를 한 어린 인재들은
성장하여 선비가 된다.

> '선비'라는 말은 세종대왕이
> 한글을 창제하면서 만든
> <용비어천가>에 최초로 등장한
> 순우리말로 '어질고 지식이 있는
> 사람'을 뜻한다.

나? 태조!

태조 7년(1398)에 이르러서는
중앙에 성균관을 세우고
지방에는 향교 설치를 적극 장려한다.

이 때 담양향교도 창건되었다.

향교는 조선시대의 국립학교로
중종 25년(1530)에 간행된 〈신증동국여지승람〉을 보면
전국에 329개소의 향교가 있었다고 한다.

담양향교 풍경

향교는 인재양성을 책임지는
교육기관의 기능과 함께
지방의 풍속을 바로잡고
유교적 이념에 입각한 지역사회의 교화에
많은 역할을 하였다.

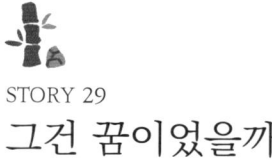

STORY 29
그건 꿈이었을까

담양여행의 최고 정점은 조선시대 선비들이 담양에서 자연과 벗 삼아 살았던 정자이다. 면앙정, 송강정, 식영정, 명옥헌, 소쇄원, 독수정, 환벽당 이름만 불러도 바로 기분이 시원해진다. 정자로 향하는 길 양쪽으로 아름드리 빼곡한 푸른 숲은 싱그러운 나무 냄새가 좋다. 정신없이 바쁘게 살고 있는 사람이 이 길을 걷게 된다면 자연이 주는 완전한 편안함에 마법에 걸린 듯 눈물이 주르륵 흐를지도 모른다. 우리들의 유전자에는 자연의 품을 기억하고 있기 때문이다. 오래된 나무들이 숲을 이룬 산자락 길을 걷다 보면 누구라도 속세를 떠난 신선의 땅이 여기 어디쯤에 있을 것 같다는 느낌을 받는다.

'혼자 조용히 머무는 사람은 신비한 지혜에 닿는다'고 말한 노자의 말은 바로 이런 곳에 와야 가능할 것 같다. 해야 할 일이 하나도 없는 심심한 이곳이 좋다. 정자 마루에 걸터앉아 여유를 부려본다. 숲이 우거져서 녹음을 드리워 에어컨보다 시원한 바람이 마음을 밝혀 준다. 붉은 배롱꽃이 너울너울 춤추는 정자에서의 시간은 분명 여름날의 꿈이었다.

명옥헌
명옥헌(鳴玉軒) *원림(苑林)에 여름이 찾아오면 배롱나무에서 피어난 붉은 꽃들이 석 달 열흘 꽃물결을 이룬다. 명옥(鳴玉)이라는 이름은 물이 흐르면 옥(玉)이 부딪쳐 나는 소리처럼 맑다는 뜻이다. 헌(軒)의 의미는 높고 활짝 트인 장소에 정자를 지어 경치를 내려다볼 수 있도록 한 집을 말한다. 원래 헌(軒)은 높은 지위의 벼슬아치가 타던 수레를 말하는데 정자의 이름에 헌을 사용한 것은 마치 수레에 타고 밖을 내려다 보는 듯한 집이라는 의미이다. 따라서 명옥헌에 올라 서 보면 정자를 둘러싼 산수경관이 연못 안에 들어와 있는 절경을 한눈에 내려다 볼 수 있다.

명옥헌은 주변 원림들보다 한 세대 뒤인 1625년 조선 중기에 지어졌다. 아버지 오희도(1583~1623)가 자연을 벗 삼아 살던 곳에 아들 오이정(1619~1655)이 자신도 선친의 뒤를 이어 은둔하기 위해 지었다. 오희도는 학문에 정진하여 선조 35년(1620) 사마시에 합격하고, 광해군 6년(1614) 진사시에 합격하였으나 벼슬에 나가지 않고 후산마을에 은거하며 부모님을 극진히 모셨다.

인조는 왕위에 오르기 전 인재를 찾기 위해 전국을 다니다가 호남지방에 이르러 오희도를 찾아왔다. 인조는 오희도를 등용하기 위해 세 번 찾아왔는데 이때 인조가 타고 온 말을 맸던 은행나무와 오동나무를 '인조대왕 계마행(仁祖大王 繫馬杏)' 또는 '인조대왕 계마상(仁祖大王 繫馬像)'이라고 부른다. 현재 그때의 오동나무는 없어졌고 은행나무만 남아있다.

명옥헌에는 현판과 더불어 **삼고(三顧)라는 편액이 걸려 있는 것으로 보아 오희도는 인조의 정성 때문이었는지 인조 1년(1623) 알성문과 병과에 급제한 후 벼슬길에 오른다. 그의 관직은 어전에서 임금의 말을 기록하는 일이었는데 탁월한 능력을 인정받아 바로 예문관 검열(檢閱)에 제수되었다. 그러나 안타깝게도 관직에 나간 해에 천연두에 걸려 41세의 나이로 세상을 떠났다.

명옥헌 전라남도 담양군 고서면 후산길 103

*원림(苑林): 바깥공간과 구분 짓는 담장이 있으면 원림(園林)이라고 담장 없이 바깥과 소통하고 있으면 원림(苑林)이라고 한다.
**삼고(三顧): 세 번 찾아왔다는 뜻의 삼고(三顧)는 유비가 제갈공명을 세 번 찾아가 그를 얻게 되었다는 삼고초려(三顧草廬)에서 연유한다.

아는 만큼 보여요! 담양의 정자

1. 독수정

고려 공민왕(1351~1374) 때 병부상서를 지낸 전신민이 고려가 망하자 두 나라를 섬기지 않을 것을 다짐한다. 담양으로 내려와 독수정(獨守亭)을 짓고 숨어 사는 삶을 선택했다. 독수정이라는 이름은 이백이 쓴 "백이숙제는 누구인가. 홀로 서산에서 절개를 지키다 굶어 죽었네.(夷齊是何人獨守西山餓)"에서 '독수(獨守, 홀로 지키겠다)'의 의미를 따온 것이다. 정자들은 대부분 남쪽을 향하고 있는데 독수정은 정자의 방향이 북쪽을 향하고 있다. 그 이유는 고려의 임금이 계신 송도(松都, 고려의 수도, 개성의 옛 이름)의 방향이 북쪽이었기 때문에 북향재배를 하기 위해서였다. 전신민은 매일 이른 아침에 일어나 조복(朝服)을 입고 북쪽을 향하여 울며 절을 했으며 스스로 '죽지 못하고 달아난 신하(미사둔신, 未死遯臣)'라고 했다.

독수정 전라남도 담양군 독수정길 33

2. 식영정

식영정(息影亭)은 조선 명종 15년(1560) 김성원이 장인 임억령에게 증여한 정자이다. 임억령은 조선 중기의 문신이자 문인이었다. 해남 출신으로 중종 20년(1525) 문과에 급제한 후 여러 벼슬을 지내다가 1557년에 담양 부사가 되었다.  그는 천성적으로 도량이 넓고 학식이 높았으며 시와 문장에 매우 탁월했다. 일찍이 시로 명성을 날렸으며 평생 시를 꾸준히 지어 그의 시 전체가 곧 그의 인생 기록이 되었다. 그가 머물던 식영정의 이름도 그가 지었는데 '식영(息影)'이란 장자의 제물편에 나오는 말로 '그림자가 쉬고 있는 정자'라는 뜻이다. 식영정에는 임억령을 찾아오는 수많은 문인과 학자들이 있었다. 송순, 김윤제, 김인후, 기대승, 양산보, 백광훈, 송익필, 김덕령, 김성원, 고경명, 정철……. 이들은 식영정 주변 풍경을 수많은 시로 남겼다. 그중에서 정철의 성산별곡이 가장 유명하다.

식영정 전라남도 담양군 가사문학로 859

3. 면앙정

면앙정(俛仰亭)은 전라남도 담양군 봉산면 제월리에 위치한 정자로 전라남도 기념물 제6호로 지정되었다. 송순(宋純, 1493~1582)이 41세가 되던 중종 28년(1533)에 잠시 벼슬을 버리고 고향에 내려와 면앙정을 짓고, 면앙정삼언가(俛仰亭三言歌)를 지어 정자 이름과 자신의 호(號)로 삼았다. 송순은 77세에 은퇴한 후 세상을 떠나는 91세까지 여기에 머물면서 퇴계 이황 선생을 비롯하여 강호제현들과 학문과 국사를 논했으며 기대승, 고경명, 임제, 정철 등의 후학을 길러낸 유서 깊은 곳이다. 정자 안에는 면앙정 삼언가를 비롯하여 이황, 기대승, 임억령, 고경명 등이 쓴 현판 10개가 걸려 있다.

면앙정 전라남도 담양군 봉산면 면앙정로 382-11

4. 송강정

정철(1536~1593)은 명종 16년(1561) 26세에 진사시 1등을 하였고, 이듬해 별시문과에 장원급제하였다. 여러 관직을 역임하고 1566년 함경도 암행어사를 지낸 뒤 이이와 함께 *사가독서 하였다. 1580년 강원도관찰사가 되었을 때 관동별곡과 훈민가 16수를 지어 시조와 가사문학의 대가로서의 능력을 발휘하였다. 예조판서로 승진하였고 대사헌이 되었으나 동인의 탄핵을 받아 사직했다. 그 후 정철은 창평으로 돌아와 4년간 은거생활을 하며 지내는데 그 초막을 죽녹정이라 하였다. 지금의 정자는 1770년에 후손들이 세웠으며 이때 이름을 송강정(松江亭)으로 고쳤다. 정철은 사미인곡, 속미인곡 등의 가사와 시조, 한시 등 많은 작품을 집필하였다.

송강정 전라남도 담양군 고서면 송강정로 232

*사가독서(賜暇讀書): 조선시대에 국가의 유능한 인재를 양성하고 문운(文運)을 진작시키기 위해서 젊은 문신들에게 휴가를 주어 독서에 전념할 수 있도록 한 제도였다.

STORY 30
안녕, 담양

담양에서 한 달 살기도 이제 마무리를 해야 할 시간이다. 내일이면 담양을 떠난다. 한국말에서 안녕이라는 말은 만날 때와 헤어질 때 모두 같다. 그 의미는 헤어질 때도 다음에 다시 만나 안녕이라는 인사를 하자는 의미가 아닐까? 내 마음이 지금 그렇다. 담양에서 한 달 살기를 하고 짐을 싸면서 곧 다시 만나 안녕이라는 인사를 하고 싶다.

지나간 시간을 되돌아보니 내가 긴 꿈을 꾼 것 같다. 대나무 숲 안에 있는 한옥에서 잠을 자고 일어나 눈을 뜬 아침은 "무릉도원이 있다면 바로 여기구나" 감탄이 절로 나왔다. 현실 세계가 아닌 듯한 시간을 지나 왔다. 담양과의 인연이 처음이 아니었기에 첫날부터 편안한 마음으로 살아보는 체류형 여행을 시작했다.

1박 2일로 담양을 다녀갈 때와는 확실히 다른 것들이 보였다. 특히 담양사람들의 순수하고 정이 넘치는 결을 느낄 수 있었다는 것이 가장 큰 수확이었다. 그분들의 따스한 눈빛이 말 한마디가 나도 그렇게 살아야겠다는 마음가짐을 가지게 했다. 정자와 누각에 앉아 조용히 사색하며 문득 떠오른 것이 있었다. 담양에서 당연하게만 느껴졌던 조선시대 선비문화는 그냥 있는 것이 아니었다. 문화의 가치를 알고 애써 지키려는 담양 사람들의 노력 덕분에 내가 우리나라의 정서를 오롯이 누릴 기회가 생겼다는 것에 감사했다. 내가 처음 담양을 만났던 8년 전과 지금의 담양은 많이 달라져 있었다. 푸르름이 깊은 생태도시가 되어 나 홀로 여행자를 행복하게 품어 주었다.

칠흑 같은 어둠 속에서 더 많은 별을 볼 수 있다
코로나19 상황은 같은 세상을 다른 자세로 살도록 우리를 길들이고 있다. 그동안 휴가는 무조건 해외라는 사람들이 하늘길이 막히면서 국내의 아름다운 여행지, 우리 주변에 있는 좋은 카페, 소중한 사람들을 다시 보게 하는 계기가 되고 있다. 이 기회에 여행에 대한 시각, 마음가짐도 새롭게 해보면 좋을 것 같다. 칠흑 같은 어둠 속에서 더 많은 별을 볼 수 있다는 말이 있다. 코로나 때문에 힘든 부분이 많지만 코로나가 우리에게 주는 긍정적인 부분도 있다. 직장인 70.9%가 '나는 시간 거지'라는 설문조사 결과가 있다. 코로나 이전의 서울 거리는 평일 주말 상관없이 새벽까지 사람들이 몰려다니며 요란하게 매일을 보냈다. 그러니 늘 24시간이 모자란다고 하소연하며 타임푸어(time poor)로 살았던 것이다. 자기만을 위한 시간을 내지 못한다면 우리는 영원히 시간 빈곤자로 살아갈 수밖에 없다.

코로나로 인해 사회적 거리두기를 시행하면서 자신과 조용하게 마주할 시간이 충분하게 생겼다. 차분하게 나를 들여다보고 내가 누구인지 나를 알아갈 좋은 기회가 온 것이다.

여행은 인생의 작은 축소판이다
여행지 정보보다 나를 잘 알고 있어야 여행 만족도가 높다. 여행을 떠나기 전에 열심히 일정을 계획하지만 막상 현지에 도착해 보면 계획과는 다른 상황이 벌어진다. 처음 가보는 여행지는 100% 그렇다고 보면 맞다. 전혀 생각 못 했던 기쁨을 만나기도 하지만 어이없는 상황도 많다. 인생도 여행과 많이 닮아 있다. 인생도 계획을 세우지만 살아보면 내가 준비한 대로 가 주질 않는다. 그래도 어려움 뒤에 더 큰 즐거움이 기다리고 있어 살아 볼 만한 것이다. 나는 강연을 할 때 여행을 4글자로 '사서 고생'이라고 설명한다.

'돈 주고 사서 하는 고생'이라는 의미이다. 편안하려면 익숙한 집 안에 있어야 한다. 그러나 인간은 신기하게도 여행이라는 것을 통해 고생을 적극적으로 구매한다. 최근 SNS 시대가 되면서 여행 목적지에 갔을 때 남들이 좋았다는 곳을 그대로 따라다니며 사진만 열심히 찍는 사람들이 많다. 나는 이런 여행을 따라쟁이 여행이라고 부른다. 내 돈 주고 하는 여행인데 참으로 안타깝다. 왜 그럴까? 오래도록 살펴본 결과 첫 번째는 내가 나를 너무 모르고 있다는 것이다. 나를 잘 모르니 내가 무엇을 원하는지 알 수 없어 나라는 알맹이가 없는 여행을 하는 것이다. 둘째로는 절대 실패하고 싶지 않은 심리가 작용하고 있다는 것이다. 여행에서조차 실수를 안 하면 언제 해 볼 수 있을까? 만회 가능한 실수를 통해 좀 더 자신이 단단해지는 시간이 여행이었으면 좋겠다. 여행을 잘하면 얻어지는 것이 많다. 그중 하나가 여행을 잘 활용하면 인생에 있어서 이보다 좋은 비타민은 없다는 점이다.

글을 마치며 끝까지 읽어준 그대에게 감사의 마음을 전해본다. 그리고 오늘도 어디론가 떠나고 싶어 하늘만 보고 있는 그대에게 〈담양에서 한달살기〉가 선물이 되었기를 바란다.

안녕~ 우리, 담양에서 곧 만나요^^

문화의 도시
담양에서 한달살기

초판 1쇄 인쇄일 2021년 12월 20일
초판 1쇄 발행일 2022년 1월 3일

펴낸곳 여행연구소
글·사진 양소희
디자인 편집·삽화 한지민
이메일 deerpanda@naver.com

ISBN 979-11-958187-7-8

저자와 출판사의 허락 없이 내용의 일부를 인용하거나 발췌하는 것을 금합니다.
잘못 만들어진 책은 구입처에서 바꾸어 드립니다.

일러두기

1. 본문에는 띄어쓰기 원칙에 따라 '한 달 살기'로 표기하고 제목에서는 편의상 띄어쓰기를 하지 않고 '한달살기'로 표기했습니다.

2. 〈담양에서 한달살기〉는 양소희 작가가 2021년 6월 1일부터 30일까지 담양에서 한 달간 머물면서 쓴 체류형 여행이야기입니다.